高职院校内部质量保证体系建设与运行
—— 以四川交通职业技术学院为例

杨桦　肖珊　杨甲奇　谭亮　陈飚　◎著

西南交通大学出版社
·成　都·

图书在版编目（CIP）数据

高职院校内部质量保证体系建设与运行：以四川交通职业技术学院为例 / 杨桦等著. —成都：西南交通大学出版社，2022.7

ISBN 978-7-5643-8754-9

Ⅰ. ①高… Ⅱ. ①杨… Ⅲ. ①高等职业教育 – 教学管理 – 研究 Ⅳ. ①G718.5

中国版本图书馆 CIP 数据核字（2022）第 112566 号

Gaozhi Yuanxiao Neibu Zhiliang Baozheng Tixi Jianshe yu Yunxing
—— yi Sichuan Jiaotong Zhiye Jishu Xueyuan wei Li

高职院校内部质量保证体系建设与运行
——以四川交通职业技术学院为例

杨 桦　肖 珊　杨甲奇　谭 亮　陈 飚　著

责任编辑	郑丽娟
封面设计	原谋书装
出版发行	西南交通大学出版社
	（四川省成都市金牛区二环路北一段 111 号
	西南交通大学创新大厦 21 楼）
邮政编码	610031
发行部电话	028-87600564　　028-87600533
网址	http://www.xnjdcbs.com
印刷	四川煤田地质制图印刷厂
成品尺寸	170 mm × 230 mm
印张	13
字数	180 千
版次	2022 年 7 月第 1 版
印次	2022 年 7 月第 1 次
书号	ISBN 978-7-5643-8754-9
定价	68.00 元

图书如有印装质量问题　本社负责退换
版权所有　盗版必究　举报电话：028-87600562

前言

改革开放40余年，职业教育为中国特色社会主义建设提供了有力的人才和智力支撑。随着我国经济结构调整和产业转型升级步伐的不断加快，职业教育的重要地位和作用更加凸显。新时代赋予了高职教育新的使命和责任，但职业教育改革创新之路还面对很多难题和挑战，如制度和标准不完善、办学水平和人才培养质量参差不齐、自我发展的内驱动力不足等。《国家职业教育改革实施方案》指出，要让职业教育"实现从注重数量到注重质量的方向转变"，为未来职业教育的发展指明了方向。而内部质量保证体系建设与运行工作的核心就是牢牢抓紧质量这条办学的生命线，围绕质量提升，健全质量的内部保证机制。因此，在《国家职业教育改革实施方案》的指引下进一步深化诊改工作，是写好职业教育质量提升奋进之笔的关键。

自《教育部办公厅关于建立职业院校教学工作诊断与改进制度的通知》（教职成厅〔2015〕2号）从战略高度阐述了开展教学诊断与改进的原因、内容和流程设计，为职业院校教学诊断与改进工作指明了方向，教育部相继颁发了《关于印发〈高等职业院校内部质量保证体系诊断与改进指导方案（试行）〉启动相关工作的通知》（教职成司函〔2015〕168号）和《关于全面推进高职院校教学工作诊断与改进制度建设的通知》（教职成司函〔2017〕56号），并在2017—2019年确定了9个省20余所院校为第一批高职诊改工作试点院校，并分批公布各校实施方案。第一批试点院校接受复核后，各省（区）非试点院校相继推进内部质量保证体系诊断与改进工作，至此，高等职业教育质量保证体系建设工作在全国铺开。

四川交通职业技术学院自 2001 年升格为高职院校以来，学院领导班子高度重视质量管理体系的建设，坚持行业特色，在规模扩张的同时，提升办学质量。在教育部、四川省教育厅发布诊改工作相关要求后，学院迅速理清思路，着力诊改，于 2017 年 2 月被确定为四川省首批诊改试点院校，于 2019 年 12 月接受四川省教育厅专家组进校复核，内部质量保证体系建设与运行的鲜明特色获得专家充分认可。该著作的撰写与出版即建立在这些基础之上。

本书共六章。第一章为内部质量保证体系诊断与改进基础理论研究，包含诊改的理论基础、政策背景、学院质量发展历史梳理。第二章至第四章为四川交通职业技术学院整体"55821"内部质量保证体系建设的介绍。其中，第二章从宏观上介绍了学院诊断与改进的体系建设思路，重点介绍了"目标链"和"标准链"的打造逻辑、8 字形质量改进螺旋的运行过程；第三章对文化建设和激励机制这两大诊改引擎建设及运行情况进行了分析；第四章对平台建设应用情况进行了说明。第五章则为诊改实施成效，简要呈现学院通过诊改，在内部质量保证体系 5 个横向层面上出现的质量提升之处。第六章为反思与改进，从现有保证体系在两链打造、螺旋运行、引擎驱动、平台支撑上还存在的问题出发，结合"双高"建设等新的发展背景，提出高职院校内部质量保证体系建设与运行进一步完善的思路。

本书是诸多成员集体创作的成果。除作者外，四川省高职诊改专委会的关心与指导，学院教务处、组织人事处、学生工作部、信息中心等对诊改工作的落实，为本书的撰写提供了翔实的实践资料。感谢西南交通大学出版社对本书出版的大力支持，尤其是本书责任编辑郑丽娟老师认真负责的态度，使拙著增色不少，在此亦深表感谢。

本书可为职业院校教学、人事、学生等管理工作者提供业务参考，亦适合专业带头人、课程负责人、教学一线教师等群体作为提升自身专业与课程教学质量的参考用书。同时，作为职业教育工作者，我们也将继续努力，为进一步完善常态化、持续改进的职业院校内部质量保证体系建设与运行机制砥砺前行。另外，由于作者水平所限，书中难免有不妥之处，敬请广大读者提出宝贵意见！

作 者

2022 年 6 月

目录

第一章　理论基础与背景 ·· 001
第一节　理论发展基础 ·· 001
第二节　时代政策背景 ·· 008
第三节　四川交通职业技术学院质量管理历史 ··············· 012

第二章　诊改体系建设 ·· 015
第一节　体系建设思路 ·· 015
第二节　"两链"打造与传递 ··· 049
第三节　螺旋运行 ·· 088
第四节　双引擎驱动 ·· 089
第五节　平台建设 ·· 091

第三章　引擎驱动设计 ·· 109
第一节　打造特色质量文化 ··· 109
第二节　完善诊改激励机制 ··· 112

第四章　平台建设应用 ·· 148
第一节　平台概况 ·· 148
第二节　建设内容及效果 ·· 149

第五章　诊改实施成效 …………………………………… 160
　第一节　体系运行概况 ………………………………… 160
　第二节　体系运行成效 ………………………………… 173
第六章　反思与改进 ……………………………………… 190
　第一节　不足之处 ……………………………………… 190
　第二节　改进策略 ……………………………………… 191
　第三节　后续计划 ……………………………………… 197

第一章

理论基础与背景

第一节 理论发展基础

2015年以来,"高等职业院校内部质量保证体系诊断与改进"[①]逐渐成为职业教育改革发展的重要热点。2017年,随着诊改工作的全面铺开,越来越多高职院校开始探索建立常态化的人才培养质量自主保证机制。作为一项长期性的工作,内部质量保证体系的建设与运行需要高职院校持续推进、不断完善,其重要的抓手就在于:诊断与改进。因此,厘清高职内部质量保证体系诊断与改进的基本理念、逻辑起点、理论支撑,有助于体系建设与运行工作取得更多、更好的实效。

一、概念辨析

(一)内部质量保证体系

在厘清高职内部质量保证体系的概念之前,需要先弄清楚内部质量保证体系和外部质量保障体系的区别。一般而言,外部质量保障体系是指官方成立的组织,如教育行政部门成立组织的专家机构,其成员涵盖行业内专家和行业外专家。这样的官方组织的主要作用是对学校质量管理进行领导、监督、协调等。内部质量保证体系则是学校为

[①] 本书中的"高等职业院校内部质量保证体系诊断与改进"和"诊改"为同一个概念。"诊改"多为职业院校开展"高等职业院校内部质量保证体系诊断与改进"任务时的俗称,本书沿用了两种称谓,多数时候使用"诊改",但在需要完整表述时,依然使用"高等职业院校内部质量保证体系诊断与改进"。

了保证教学质量而主动产生的行为动力和制定的制度保障等，属于内生动力支持下的行为和制度的集合。对于高职内部质量保证体系的定义，不同的学者持不同观点。有学者认为高职院校建立内部质量保证体系的目的是提高多方评价主体的满意度，它是在信息平台支持的基础上建立的持续提高人才培养质量的完善的制度体系。另有学者认为，内部质量保证体系在信息化支撑的基础上要始终坚持贯穿人才培养的全过程，培养的学生能够为区域经济发展做出贡献。高职内部质量保证体系具有一定的基础逻辑架构，这个逻辑架构可以缩写为"五纵五横一平台"。"五纵"即纵向的决策指挥、质量生成、资源建设、支持服务、监督控制五个系统；"五横"即横向的学校、专业、课程、教师、学生五个层面质量直接生成体；"一平台"即内部质量管理与监控大数据平台。高职内部质量保证体系强调全过程全方位育人，诊断与改进强调问题导向、自我纠偏、自我诊改，其目的在于完善内部质量保证体系，促进高职教育质量发展。

（二）诊断与改进

内部质量保证体系诊断与改进的核心概念在于"诊断与改进"。"诊断"（diagnosis）不同于评估，它来源于医学界，本意是指诊视而判断病情及其发展情况，包括对疾病做出判断，制定解决方案，同时也包括获得这种判断及制定解决方案的方法与步骤。在20世纪的法国，"诊断"一词在教育领域被广泛引用。1905年，法国学者比纳（Alfred Binet）在《心理学年报》上发表论文《诊断异常儿童智力的新方法》，创建了"比纳-西蒙量表"，形成一种用于测试异常儿童智力的新方法，并首次把"诊断"一词应用于教育问题。[1]此后，美国学者布卢姆（B. S. Bloom）提出"诊断性评价"的概念并论述了"形成性评价"的诊断意义。[2]在教学诊断的内涵上，普遍把教学诊断作为教师改进"教"、学生改进"学"

---

[1] 毕天璋. 论教育诊断学的研究对象和学科体系[J]. 河南教育学院学报：哲学社会科学版，2002（1）：5-8.
[2] 胡宁强. 布鲁姆的教学评价[J]. 高教研究，1995（2）：10-12.

的一种技术手段。

"改进"（improve）在《现代汉语词典》（第7版）中的释义为"改变旧有状况，使有所进步"。在教学工作诊断与改进中，"改进"不同于"改变"，侧重点不在于"变"的最终结果，而在于"进"的最终结果。我们运用实际行动的"改"，最终目的是使教学质量、效果及培养出的人才质量达到一个更深层次的提高，而不仅仅是简单的相关教学方法、教学机构、人员的变更。职业院校的诊断与改进工作能取得效果，"诊断"与"改进"缺一不可；同时还需注意的是，"改"并不是诊断与改进的最终一步，所有"诊"与"改"最终是要落到"进"这一点，因此，"改"仅是一种方法设计，各校可依据自身条件设计不同的"改"的思路，而"进"才是整个工作的核心要素与最终落脚点。

由此可以看出，诊改是对传统院校评估的升华，是职业院校从规模发展到内涵发展再到高位发展的诉求。从主体来看，诊改更强调院校的主体地位；从内容来看，诊改更注重院校的实际情况；从标准来看，诊改更提倡"跳起摘桃"；[①]从方法来看，诊改更强调多元并举。因此，诊改是从他律到自律、从统一到个性、从广度到深度、从专项到常态的理念转变。

二、逻辑起点

建立和完善高职院校内部质量保证体系的主要抓手是诊改，关键在帮助高职院校完成由依赖外部质量保障到注重内部质量保证的转变，形成全员、全方位、全过程的自主保证机制。内部质量保证体系的建设与运行强调质量管理各环节的和谐与平衡，透过现象把握本质，以"问题"为切入点，以"质量"为关键点，以"发展"为落脚点。

---

① 此观点是基于维果茨基的最近发展区理论。他把"最近发展区"界定在"儿童现有的独立解决问题的水平"和"通过成人或更有经验的同伴的帮助而能达到的潜在的发展水平"之间的区域。"跳起摘桃"即通过一定的帮助和努力能够达到的水平。

（一）问题是切入点

当下，职业院校的发展已进入"造峰填谷"的高位发展阶段。"造峰"通过项目来推动，国家示范性高等职业院校建设、国家骨干高等职业院校建设以及正在进行的"双高"计划等一系列工程重在"造峰"，突显院校的优势与特色，树立典范，着力打造高职院校的中国特色与国际影响力；"填谷"则可通过诊改来推动，以诊断"问题"为切入，以改进"问题"为目标，挖掘院校之问题与不足，补齐短板。可以说，"造峰"重在突显优势，通过人力、物力、财力的大力投入，给优质的职业院校锦上添花；"填谷"重在发现问题，厘清真问题与假问题，明确主要问题与次要问题，辨别表面问题与深层问题，以"查找问题—分析问题—解决问题"为主线，扫清院校发展过程中的障碍。"造峰"与"填谷"双线并进、互为补充，系统推进职业院校整体水平的提升。

（二）质量是关键点

《国务院关于加快发展现代职业教育的决定》（国发〔2014〕19号）、《教育部关于全面提高高等职业教育教学质量的若干意见》（教高〔2006〕16号）、《教育部关于深化职业教育教学改革 全面提高人才培养质量的若干意见》（教职成〔2015〕6号）等一系列文件的出台，进一步确立了"质量提升"是职业教育的发展重心和发展方向。"质量"是职业教育生存与发展之本，构建内部质量保证体系、提升教育教学管理信息化水平和树立现代质量文化是职业教育建立"诊断与改进"制度的三大主要任务。[①]可见，职业教育的诊改不是脱离"质量"的独立事项，也不是为诊改而诊改，而是紧紧围绕"质量提升"这个核心，通过诊改，进一步推动职业教育教学质量的有效提升。因此，判断诊改有效与否的关键，在于其是否切实提升了教学质量。

---

① 郑永进. 培育质量文化是"教学诊改"的灵魂[N]. 中国教育报，2017-07-04（7）.

(三) 发展是落脚点

如前所述，职业院校内部质量保证体系诊断与改进具有面向"未来"的特性，着眼于通过诊改建立的长效机制，最终实现人的发展、学校的发展、企业的发展等多方共赢。基于此，诊改方案的设计需落脚于"发展"，不止于解决当前的问题，不止于当下，而是着眼未来，基于当前问题解决的发展式诊改。发展式诊改的关键是找准自身的最近发展区。最近发展区是苏联教育家维果茨基提出的儿童教育发展观。他认为学生的发展有两种水平：一种是学生的现有水平，指独立活动时所能达到的解决问题的水平；另一种是学生可能的发展水平，也就是通过教学所获得的潜力。两者之间的差异就是最近发展区。将最近发展区理论应用于诊改，则体现在职业院校设立的诊改目标在院校质量发展的最近发展区之内。超越最近发展区的目标往往好高骛远，难以实现；低于最近发展区的目标易导致院校安于现状、止步不前。基于最近发展区的目标既指向未来，又立足当下，即通过诊改，让职业院校充分发挥自身质量建设主体责任，让诊改的过程成为发展的过程，让发展成为诊改的落脚点。

三、理论遵循

(一) 系统论

奥地利生物学家贝塔朗菲1947年创立一般系统论，提出"系统是由相互联系的单元组成的、与环境发生关系的总体""一切有机体都是一个完整的系统，这个系统是由各部分组合成的整体，其整体的特性不只是各部分特性简单相加之和""通过各个系统的不断优化组合，最终形成一个高级而庞大的系统"。系统论的基本核心即系统是由若干要素以一定结构共同构成一个具有全新功能的有机整体，其功能与特性并不等同于各要素相加之和。要素构成系统，结构是构成系统的各种要素之间内在的相对稳定的组织秩序，环境是系统特性形成的影响因素。

教育质量体现在教学质量、人才质量、服务质量的共同质量方面。

教育最直接的产品之一是培养出的学生，学生质量高低反映的是教学活动的结果质量。学校是一个完整的系统，学校的管理、后勤和其他服务工作是保证高质量的教学活动和人才培养的良好环境的必要条件，由此教育质量需要对人才质量、教学质量和服务质量进行全面把握。因此，将高等职业教育管理看成一个完整的系统，质量保证与其他要素有机组合最终构成了一个完善的质量管理体系，制定相关标准、建立相应的质量保证体系能更好促进教育质量的提升。由此，系统论为高职内部质量保证体系的研究与实践奠定了理论基础。

（二）全面质量管理理论

"全面质量管理"最早是由美国费根堡姆于1961年在其编著的《全面质量管理》一书中提出。该书将"全面质量管理"（Total Quality Management，TQM）解释为"用来维持和保证质量的有效体系"。这个体系强调可以通过市场调研、设计、生产和服务来实现用户的要求。费根堡姆认为影响产品质量的因素不仅是质量管理的某一个过程，而是整个质量生成的全过程，因此TQM不仅强调质量管理，也注重如何进行质量保证。

全面质量管理具有以下特点：（1）顾客至上。全面质量管理理论运用在产品的制作管理过程中，其最终目的是保证产品质量，提高产品质量，提升雇主的满意度。在社会组织中，产品供应方为顾客提供物美价廉的高质量产品是获取顾客满意以及长时间占据市场的主要因素。因此在社会组织中，产品制造应该以顾客需求为主要出发点，运用全面质量管理理论为顾客提供满意的产品。有学者认为将全面质量管理理论运用在高校治理中，学生、学生家长、社会企业可以被认为是"顾客"，学校在人才培养过程中应当以学生为主，为学生发展提供各项保障服务。[①]（2）全面性。全面性体现在两个方面：一是全面质量管理要求涉及产品设计、制造、管理等活动的相关人员都参与。组

---

① 孔志华. 基于顾客满意的高职教育评估模式研究[D]. 杭州：浙江工业大学，2007.

织系统的正常运行需要每个部门和环节涉及的人员共同努力，缺少任何一个部分的参与都会对产品制造造成影响。也就是说全面质量管理要求组织中的所有相关人员都参与到管理过程。[①]二是全面质量管理需要贯穿产品生成的全过程，产品的设计、制造、过程的管理以及监督，凡是和指定产品生成过程有联系的地方都可以将全面质量管理理论运用其中进行管理、监督，旨在保证各个环节的活动有效展开。（3）持续质量改进。全面质量管理要求在产品生成过程中对照原本计划和目标提出改进，旨在更高质量地完成对顾客的承诺。任何一个组织对于产品的要求和期待是会随时间和市场变化而变化的，这就要求产品质量越来越好，产品服务让顾客更加满意。全面质量管理从理论到实践，不同的学者在其行为准则和标准上有着不同的看法，但是普遍认为要做到以顾客为中心、持续质量改进以及决策的科学可行。

目前，我国高等教育的持续发展带动了高等职业教育的发展，高等职业教育在办学水平、办学条件、师资数量等方面都取得了巨大进步。然而，高等职业教育在大发展的过程中却面临着质量短板问题，构建内部质量保证体系有利于提高高职人才培养质量。全面质量管理因其鲜明的管理特点与高职内部质量保证体系高度重合，因此在内部质量保证体系建设的过程中运用全面质量管理理论，能够使内部质量保证体系更好地做到全过程、全员参与，持续改进。构建体系之时，学校各部门鼎力配合，做好本部门应做的事情，发挥各部门的职能。体系运行的过程中，做好监督工作，切不可仅做足"面子工程"，要直面过程中出现的问题。每一个过程都确保了高职院校内部质量体系的平稳、有效运行，为办学质量的持续提升提供了制度支持与保障。

（三）PDCA 循环

PDCA 循环又被称为戴明环，最早是由美国沃特·阿曼德·休哈特博士提出，后由威廉·E. 戴明（William E. Deming）推广使用而被大

---

① 李利娜. 以全面质量管理为导向的高职院校教学管理初探[J]. 世纪桥，2011（9）.

众认识和接受。威廉·E.戴明被认为是20世纪最有成就的质量管理大师，他认为质量管理和质量改进可以通过PDCA循环完成。PDCA实际上是质量管理与质量改进过程中四个重要行为的简称，作为一种质量管理工作程序，它共包括四个阶段——计划（Plan）、执行（Do）、检查（Check）与处理（Act），反映了开展管理活动的一般规律性。[①]其操作步骤具体而言可以细分为：分析现状，找问题→分析所有影响因素→找出主要影响因素→制订计划→执行计划→检查计划实施的效果→将结果标准化→将尚未解决的问题转入下一个PDCA管理循环中。

可以看出，戴明环的实施是在组织的计划指导下进行的，是一个不断循环、逐步提高的过程。工作的全过程中，一个大PDCA管理循环中存在多个小的PDCA循环，各级PDCA形成大环套小环的形态，解决问题的方式就是一层一层解决，小的循环结束推动大的循环的进行，使整个组织的PDCA循环都转动起来。戴明环中管理效果提高的实现，需要完成每一次的PDCA循环，进行总结后再提出新的目标，为下一次的PDCA循环的进行打下基础，从而令质量管理水平朝着更高的方向前进。新的一轮循环是在前一轮基础上进行的，新的螺旋的起点位置将比上一个螺旋高，因此改进后的质量将越来越好。

构建高职内部质量保证体系是一项系统工程，内部质量保证体系建设的目标不能是稳固不变的。学校受社会经济发展的影响以及自身改进的内在影响，在完成每一个目标任务之后将会根据实际情况拟定新的目标，进入新的PDCA质量改进循环。高职院校只有持续进行PDCA循环，才能不断完善内部质量保证体系，促进人才培养质量提高。

第二节　时代政策背景

质量是教育的生命线。随着我国经济结构的转型升级，职业教育已经成为推动实体经济发展和提升国家竞争力的重要支撑。一定程度

---

① 冒荣，刘义恒.高等学校管理学[M].南京：南京大学出版社，1997.

上，职业教育质量、技术技能人才培养质量，直接关系着中国经济社会发展质量。[①]为完善职业教育内部质量保证制度体系，建立常态化的职业院校自主保证人才培养质量机制，教育部决定建立职业院校教学工作诊断与改进制度，着力推动职业院校履行人才培养质量主体责任。[②]

一、时代需求

（一）推行"管办评"分离的必然要求

教育领域全面深化综合改革，推行"管办评"分离，必须加快健全学校自主发展、自我约束的运行机制。[③]在这个背景下，职业院校教学工作诊断与改进制度明晰了管、办、评的职责范围，界定了人才培养质量各方责任的总体框架：职业院校是人才培养质量的第一责任主体，确保人才培养质量在其生成的过程中首先得到保证，体现职业院校担负主体责任的内在自觉性；教育管理部门是人才培养质量的第二责任主体，复核职业院校是否具备履行第一主体责任的制度、机制和能力，体现教学管理部门的管控应激性；利益相关方是人才培养质量的第三责任主体，以结果评价导向、倒逼第一和第二责任主体推动人才培养质量持续改进，体现第三方责任主体的外在技术性。

（二）推进质量内涵建设的必然选择

在国家全面深化改革的背景下，高职教育发展的战略重心已由规模扩张的外延式发展转向提高办学质量和水平的内涵式发展。在高职教育领域综合改革中，大力加强内涵建设，不断提高教育教学质量和人才培养水平，实现高职教育的可持续发展，已成为深入推进高职教

[①] 任占营. 职业院校教学工作诊断与改进制度建设的思考[J]. 国家教育行政学院学报，2017（3）：41-46.
[②] 教育部办公厅. 关于建立职业院校教学工作诊断与改进制度的通知（教职成厅〔2015〕2号）[Z]. 2015-06-23, http://www.moe.gov.cn/srcsite/A07/moe_737/s3876_zdgj/201507/t20150707_192813.html.
[③] 教育部. 关于深入推进教育管办评分离 促进政府职能转变的若干意见（教政法〔2015〕5号）[Z]. 2015-05-04.

育发展的必然选择。高职院校内涵建设以注重质量、突出特色为价值追求，发展意图直接指向高职院校可持续发展能力的深化与提升。[①]教学工作诊断与改进是高职发展经历中职升格、示范建设后，高职院校质量建设的又一重大举措。诊断的实质，是寻找质量建设中的问题，把脉人才培养的动向。从教育部、各省厅相关文件中可以看出，高职院校掌握了诊改的自主权，如何诊出问题、改出特色，在诊改工作推进过程中不可回避。因此，只有找到了问题、找对了思路，才能从根源上为高职院校的特色发展铺好道路，为可持续发展打好根基。

（三）履行教育质量主体责任的题中之义

质量是教育的生命线。在"管办评"分离的时代背景下，高职院校既享有建设院校的诸多自主权力，同时又肩负沉重的改革责任。履行人才培养质量建设责任的主体是学校，在当下质量建设已经由外在推动转变为急需寻找内在动力机制的形势下，仅靠外在力量推动学校质量建设，还沿用老旧的等、靠、要来发展，显然是行不通的。建立职业院校教学工作诊断与改进制度，就是要构建政府、学校、社会的新型关系，推动职业院校不断强化主体责任，用好办学自主权，实现院校质量自治。只有当职业院校扛起教育质量建设主体责任的大旗，让改进从自身做起，才能真正实现高职办学水平的提升。

总之，开展教学工作诊断与改进，是提升高职院校内生发展动力、促进高职人才培养质量持续提升的必然选择。

二、政策背景

（一）国家层面文件指明方向

党的十八大以来，党和政府对职业教育的关注与投入持续增加，先后出台了《国务院关于加快发展现代职业教育的决定》(国发〔2014〕

[①] 杨建新. 高职院校的内涵建设及其推进策略[J]. 教育研究，2016（3）：79-83.

19号)、《现代职业教育体系建设规划(2014—2020年)》(教发〔2014〕6号)等一系列推进职业教育发展与改革的重大文件,为职业教育发展提供了政策支持。《教育部办公厅关于建立职业院校教学工作诊断与改进度的通知》(教职成厅〔2015〕2号)(以下简称"2号文"),从战略高度阐述了开展教学诊断与改进的原因、内容和流程设计,为职业院校教学诊断与改进工作指明了方向。"2号文"围绕办学方向、办学定位、人才培养目标、专业设置与条件、教师队伍与建设、课程体系与改革、课堂教学与实践、学校管理与制度、校企合作和创新、质量监控与成效10个方面,为职业院校教学工作诊断与改进提供了内容参考。"2号文"还明确了逐步在全国职业院校推进建立教学工作诊断与改进制度,指出职业院校诊改的目的在于建立常态化的职业院校自主保证人才培养质量的机制,决定从2015年秋季学期开始,全面开展教学诊断与改进工作。这标志着职业院校质量建设迈上了一个新台阶。

为贯彻落实"2号文"的相关要求,教育部职成司颁发了《关于印发〈高等职业院校内部质量保证体系诊断与改进指导方案(试行)〉启动相关工作的通知》(教职成司函〔2015〕168号)(以下简称"168号文"),明确了高职院校内部质量保证体系首先要建,其次要诊,最后要核。其中,建构内部质量保证体系是关键,诊断与复核都是为了更好地为建设质量体系服务,提高人才培养质量。"168号文"明确了包括学校、专业、课程、教师、学生在内的五个横向层面,以及涵盖了决策智慧系统、质量生成系统、资源建设系统、支持服务系统、监督控制系统在内的五个纵向系统,以及一个现代信息技术平台为支撑的"五纵五横一平台"内部质量保证诊改体系逻辑结构,为各院校开展诊改工作提供了基础框架。

2017年,教育部发布了《关于全面推进高职院校教学工作诊断与改进制度建设的通知》(教职成司函〔2017〕56号),提出加强政府引导、细化工作职责、开展试点引领的要求。随后,教育部于2017—2019年确定了9个省的20余所院校为第一批高职诊改工作试点院校,并分批公布各校实施方案。其中,2017年公布14个,2018年公布6个,

2019 年公布 6 个。[①]至此，高等职业教育质量保证体系建设工作在全国铺开。

（二）省厅文件指导落实

在教育部政策的引导下，一些省份积极响应，出台了本省内部质量保证体系诊断与改进文件。通过在职业教育诊改网（http://www.zyjyzg.org）上对各省级教育行政部门（含新疆生产建设兵团）诊改文件进行查询，截至 2021 年 8 月，共有 32 个省级部门（含各自治区、新疆建设兵团）出台了指导内部质量保证体系诊断与改进的方案，全部省级单位均以正式发文的形式，启动高职院校内部质量保证体系诊断与改进工作，并附有试行指导方案。各省级方案既承接教育部改革精神，又立足本省实际，为本省职业院校诊断与改进指方向、明思路，把诊改具体工作的实施责任留给了高职院校本身，以充分发挥教育行政部门对内部质量保证体系建设的管理权而非执行权。

总体上，从政策层面可以看出，不同于以往的院校评估，高职内部质量保证体系诊断与改进工作有以下特点：以"需求导向、自我保证，多元诊断、重在改进"为工作方针，以诊断与改进为手段，促使高职院校基于人才培养状态数据，搭建信息化诊改平台，在学校、专业、课程、教师、学生不同层面建立起完整且相对独立的自我质量保证机制，形成全要素网络化的内部质量保证体系；强调院校是质量保证第一责任主体，需树立质量文化，健全完善质量标准体系；内部诊改工作由院校自主开展，教育行政部门根据需要抽样复核。

第三节　四川交通职业技术学院质量管理历史

四川交通职业技术学院自 2001 年升格为高职院校，学院领导班子

[①] 徐洁."双高"建设背景下高职院校内部质量保证体系诊断与改进路径[J].中国职业技术教育，2021（1）：81-87.

高度重视质量管理体系的建设，坚持行业特色，在规模扩张的同时，提升办学质量。学院质量管理体系的发展主要经历了三个阶段。

一、第一阶段：质量管理体系初步成形

2001年以来，学院按照国家办学标准、专业教学标准要求，推动内部质量管理体系的建立，完善教学、教育及年度目标考核等管理制度，激励全体职工按规划目标推进各项工作。2004年，学院通过教育部教育教学质量评估，获得优秀等级。此阶段质量管理体系的主要特点是逐步形成内部质量保证体系和外部检查评估的质量监控体系。

二、第二阶段：探索建立全面质量保证体系

2007年，源于航运工程系的成立，学院专项启动了船员教育和培训质量管理体系建设，于2009年通过国家海事局的验收，并每隔2年接受海事局组织的复核。以此为契机，2016年，学院在全院范围内启动了全面质量管理体系建设工作，确立了"师生为本，发展为纲，持续改进，追求卓越"的质量方针，成立了组织机构（质管办），建立了"学院管理层—质量管理职能部门（质管办）—二级部门"的三级质量管理工作体系，印发了《质量手册》和质量管理程序文件。

三、第三阶段：建立具有高职院校特色的内部质量保证体系

基于前期质量管理体系建设基础，学院先后组织开展了一系列质量保证体系运行及诊改工作的理论学习和研讨活动。学院充分考虑师生认识水平和工作复杂性，明确了诊改工作由点及面、逐步深入的工作思路，确立了探索实践和全面推广的"两步走"步骤。

（一）探索实践

按照教育主管部门的部署，学院成为四川省首批诊改试点单位。2017年6月，学院办公会研究并印发了《内部质量保证体系建设与运

行实施方案》(川交职院发〔2017〕95号),在学院启动了内部质量保证体系建设,系统设计了"五纵五横两驱动一平台"内部质量保证体系框架结构及8字螺旋的诊断与改进工作体系。

2017年6月,学院在五个层面上选取"资源配置、专业建设、课堂教学、实践教学、学生管理、教师队伍、教学常规管理、理论与文化、创新创业、平台建设"10个内容开展试点诊改,力图通过探索实践找到适合学院发展特点的诊改工作模式。通过1年的试点诊改,增强了对质量目标和质量标准的认识,初步厘清了两链传递的逻辑关系和质量螺旋式上升曲线,质量意识进一步强化。10个内容的诊断共查找问题397个,提出对策461条,修订管理办法10余个,改进流程20多个,4成问题得到实质改进。通过探索实践,在点上形成了学校、专业、课程、教师、学生五个层面的推进机制以及目标逐渐提升的改进机制。

(二)全面推广

随着对诊改工作的认识逐步加深,以及探索实践工作取得的良好成效,学院从2018年6月开始在全院全面推广诊断与改进工作,修订印发了《四川交通职业技术学院内部质量保证体系建设与运行实施方案》,制定了学校、专业、课程、教师、学生五个层面的诊改工作手册,力争通过诊改工作,让制度运行成为工作机制,机制内化为文化,以文化引领行动,以行动确保质量,工作推动上下贯通、左右联动、形成合力,让内部质量保证体系诊断与改进工作常态化。

2019年12月,学院接受四川省诊改委专家进校复核,内部质量保证体系的建设与运行获得专家充分肯定。复核后,根据专家意见,对体系运行中的部分问题进行了整改。至此,具有学院特色的高职内部质量保证体系成功建设并实现了有效运转。

总体上,学院质量管理体系的逐步建立和完善,从关注外部评估向激发内生动力转变,有效地落实了学院的办学主体责任,为学院的转型发展、高质量发展奠定了坚实的基础。

第二章

诊改体系建设

第一节 体系建设思路

诊改体系的建立，是实现内部质量保证的重要抓手。学院建立内部质量保证体系组织体系，按照"充分贯彻文件精神，结合学院实际推进，真学真做力求实效"的思路，以学院"十三五"事业发展规划为统领，以高水平高职院校建设和高水平专业建设为契机，以内部质量保证体系诊断与改进机制和现代质量文化为驱动力，以目标链和标准链的建立为起点，以信息化系统平台建设为基础，以课堂教学改革为突破口，以良性的内部质量保证体系运行机制建设为抓手，构建"五纵五横两驱动一平台"的内部质量保证体系基本框架，完善"质量计划、质量控制和质量螺旋上升"的管理流程，形成常态化、数据化、有深度、有广度，具有较强预警功能和激励作用的内部质量保证体系，实现学院内部管理水平和人才培养质量的持续提升与高质量发展。

一、总体设计思路

（一）基本原则

四川交通职业技术学院在诊改实践过程中遵循五大原则，让学院质量保证体系的运行有创新、有动力、有方向、有结果。

1. 问题导向

以学生为中心，以提高人才培养质量为目标，围绕教学中心工作，以问题为导向，按照发现问题、分析问题、改进和成效评价的流程，诊断教学工作预期目标达成度和实施成效，通过数据分析和深入勘察，发现在专业建设、课程建设、师资队伍、学生管理和学院管理发展等方面存在的问题，倒逼学院各方面工作持续改进，不断提高质量。

2. 递进提升

各个诊改层面结合学院总体发展目标，拟定阶段性的质量管理目标，通过自我检查诊断，找准改进的方向，实现质量的阶段性提升，以此确保各阶段任务层层递进，目标逐级提升。通过内部质量保证体系的诊断与改进，形成螺旋上升、持续改进、不断提升没有目标终点的质量改进机制，促进人才培养质量的持续提升。

3. 标准动态

树立标准动态意识，主动适应质量改进的动态变化规律，秉承一段时期内标准相对稳定、诊断改进后标准随目标提升及时修订的原则，准确把握当前的主要矛盾、主要任务、主要举措，抓住关键环节，确立当前的参考标准，并根据不同的阶段特色进行调整，促进教学工作形成常态的持续改进机制。

4. 要素可变

建立查找问题的方法与机制，根据诊改工作推进情况，查漏补缺，在不同诊改周期设立不同诊断要素。要素围绕当前工作的突出与核心问题设立，反映工作的变化与规律。通过对诊断要素的调整，达到在实践中不断完善内部质量保证体系，推动质量改进工作常做常新，提高诊改实效性的目的。

5. 融入常态

在改革试点中，将质量改进与常规工作紧密结合，逐步建立完善的内部质量保证体系，做好三个结合：一是质量管理与业务工作紧密结合，确保诊改工作覆盖业务工作的各个环节；二是质量考核与分配机制有机结合，充分挖掘员工潜力，促使质量提升；三是教学质量建设与院校质量体系紧密结合，通过内部质量保证体系诊改促使学院人才培养质量建设逐步提升。

（二）建设目标

1. 固化"人人都能进步、人人皆可成才"的质量理念

固化"人人都能进步、人人皆可成才"的质量建设理念。在师生个体层面，针对师生个体存在的问题，通过制度性的设计和人本化的引导，使其能够依据自身情况进行针对性改进。在群体（整体）层面，根据群体（班、年级、系、院等）的诊断分析，通过制度建设和机制建设，进行激励约束和引导，促使其差异性提升。整体提升和针对性的个体改进有机结合、相互促进，最终实现"人人进步、整体发展、个体受益"。

2. 建立和完善多层关联的内部质量保证体系

构建"五纵五横两驱动一平台"（简称"55821"）内部质量保证体系，建立从招生到就业全过程的质量管理文件，重点把控专业、课程、师资、教学过程、教学资源配置等方面的质量，逐步建立包括学校、专业、课程、教师、学生五个层面的内部质量保证体系。

3. 搭建"N+1+1"的智能化信息平台

强化人才培养工作状态数据在智能化信息平台中的基础作用，对接高职人才培养工作状态数据采集与管理平台。搭建"信息采集—数据存储—数据分析"三层架构、"N+1+1"的智能化信息平台，即多个管理系统、一个数据池（数据中心）、一个数据处理平台。数据中心按照既定的更新周期，读取各个应用系统采集的信息，进行标准化处理后存储；数据处理平台与存储接口，对信息进行归类、聚合、关联、统计，根据质量管理的需求进行数据挖掘，得到影响教学质量的问题集合，为监测预警提供科学的信息支撑。

4. 专业综合质量水平持续提升

对接产业转型升级和发展，完善专业准入机制和动态调整机制，基于骨干专业，梳理建设专业群，通过专业群建设，不断提高专业办学基本条件，逐步建立"基础宽、方向准、目标明、岗位清"的课程体系，逐步汇聚优质教学资源，提高专业品质，保障教学质量。

5. 人才培养质量明显提高

充分利用信息反馈，充分刺激和调动教学参与者的内生动力，提升教育者的教学效果，挖掘学习者的学习潜能，建立基于个体的成长档案，激发教学双方的兴趣和潜力，促进学生思想品德、职业素养、技术技能不断提升，推进全员全过程全方位育人格局不断完善。

（三）整体框架

学院充分理解和贯彻上级文件精神，系统设计了"五纵五横两驱动一平台"内部质量保证体系框架结构及8字螺旋的诊断与改进工作体系，简称"55821"基本框架。对应：

"五纵五横"结构——网络化覆盖联动；

"8字形螺旋"运行单元——制度化全员参与；

"双引擎"注入动力——常态化机制保证；

"一平台"技术支撑——智能化落地生根。

1. 五个系统——纵向

决策指挥：领导体制、组织结构、制度建设、协调管理等；

质量生成：人才培养、课堂教学实施、学生工作组织实施、教师发展、校园文化建设等；

资源建设：组织、人事、校内外软硬件教学资源开发、储存、使用、管理等；

支持服务：生活服务、社会服务、产教合作校企合作平台、安全保障等；

监督控制：质量数据（信息）采集、汇总、分析，质量报告，预警发布等。

2. 五个层面——横向

五个横向层面指学校、专业、课程、教师、学生。

3. 8字形螺旋——诊改运行

8字形质量改进螺旋是指全面提升质量的工作过程,由两个循环构成一个 8 字形，如图 2-1 所示。

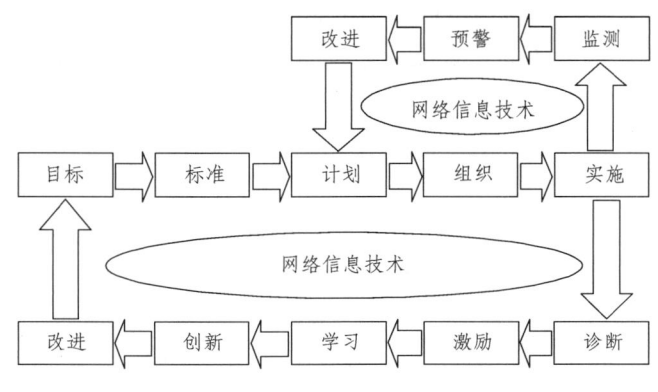

图 2-1　8 字形质量改进螺旋

4. 双引擎——驱动

内部质量保证体系建设与运行的两个引擎，分别是质量文化、激励机制。质量文化引擎主要包括社会主义核心价值观，先进人才观、成才观、教育观，现代质量观；激励机制引擎则主要指自我激励机制、考核性激励机制、联动机制等。

5. 一平台——智慧校园信息平台

现代化的智慧校园信息平台是质量保证体系能够有效、高效运行的基础。在对内部质量保证体系的诊断与改进中，信息平台需要从以下方向不断完善：第一，源头采集——人人都是源头数据采集者；第二，即时采集——源头数据生成即予采集；第三，开放共享——人人都是数据的使用者、监督者。

（四）体系构成

1. 组织体系和实施体系

建立以学院院长为组长的内部质量保证体系建设领导小组，统领决策指挥、资源建设、支持服务、质量生成、监督控制五个纵向系统，协调联接学校、专业、课程、教师、五个横向层面，强化质量文化、激励机制的驱动引领，全面指导指挥校园智能信息平台的建设，促使各职能部门、系（部）和各建设团体充分发挥质量主体的作用，健全内部质量保证组织体系（图2-2）和内部质量保证实施体系（图2-3）。

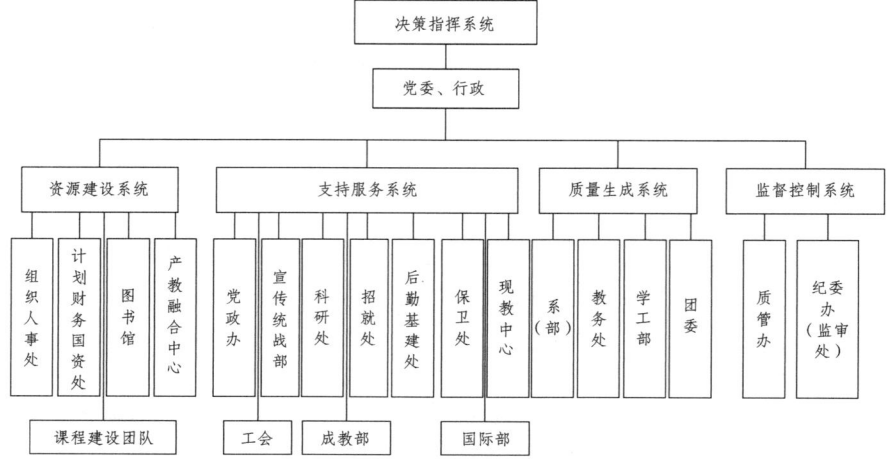

图 2-2　内部质量保证组织体系

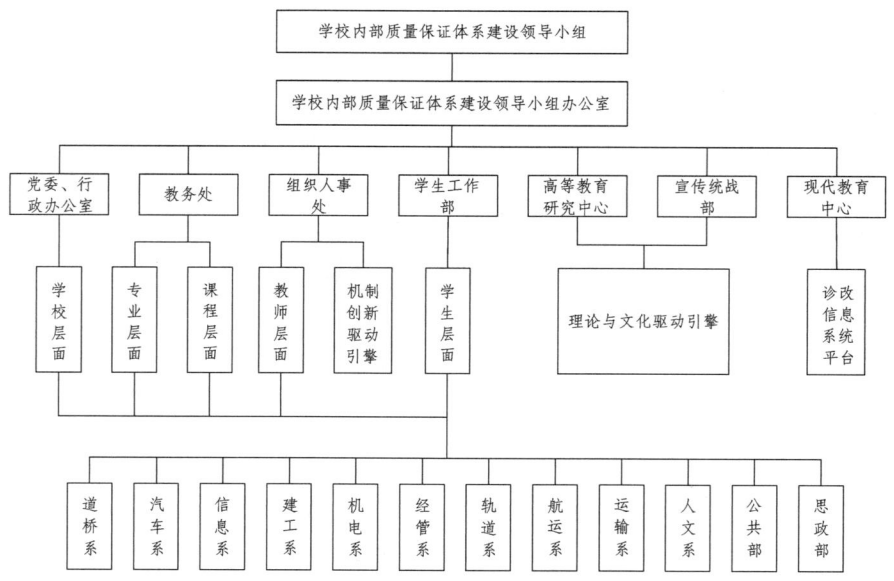

图 2-3　内部质量保证实施层面

2. 规划体系建设

依据学院"十三五"事业发展规划，围绕优质院校建设目标，基于 SWOT 分析，建立如表 2-1 所示的学院规划体系。

表 2-1　学院"十三五"事业发展规划体系

规划层级		规划名称	牵头部门/人
一级规划	总规划	学院"十三五"事业发展规划	党政办
	总方案	优质院校建设方案	优建办
二级规划	八大工程	治理能力提升工程	党政办
		高水平专业建设	教务处、各系
		高水平队伍建设	组织人事处
		产教深度融合工程	产教融合中心
		服务能力提升工程	成教部
		国际交流合作工程	国际部
		教育信息化建设	现教中心
		学生综合素质提升工程	学工部、团委
	专项规划	专业建设"十三五"发展规划	教务处
		课程建设"十三五"发展规划	教务处
		师资"十三五"发展规划	组织人事处
		科研"十三五"发展规划	科研处
		资产经营公司"十三五"发展规划	资产经营公司
		基本建设"十三五"发展规划	后勤基建处
		学生素质教育"十三五"发展规划	学工部、团委
		智慧校园"十三五"发展规划	现教中心
		国际合作"十三五"发展规划	国际部
		系（部）规划	各系（部）
三级规划		专业建设方案	专业带头人
		课程建设方案	课程负责人
		教师自我发展规划	教师
		学生自我发展规划	学生

3. 目标体系建设

依据学院"十三五"事业发展规划，围绕优质院校建设目标，对应治理能力提升、高水平专业建设、高水平队伍建设、产教深度融合、服务能力提升、国际合作交流、教育信息化、学生综合素质提升八大工程的建设目标，厘清各职能部门和教学系（部）在学院"十三五"发展目标和优质校建设目标中的职责和任务，将目标任务层层分解落实、责任到人，形成学院、部门、专业、课程、教师、学生上下衔接、左右呼应的目标链。

（1）根据学院"十三五"事业发展规划和优质院校建设任务确定的学院发展总目标，围绕八大工程，制订系（部）子规划，分解年度目标任务，明确各职能部门和系（部）的年度工作任务目标，将各部门年度工作任务与目标绩效考核挂钩，实现从学院到部门各个层级的质量目标、人才培养目标的贯通和一致。

（2）各系根据学院专业建设"十三五"规划和"高水平专业建设"目标，对接产业、行业和市场需求，各系制订本系各专业建设规划，确定每个专业的建设发展目标，实现专业建设目标与学院办学定位和发展目标的对应和支撑。

（3）各课程建设团队围绕本专业及相关专业建设目标，根据学院课程建设规划和课程建设现状，对接行业岗位需求，制订课程建设规划，确定本课程的建设目标，实现课程建设目标与专业建设和发展目标的一致。

（4）教师根据"高水平教师队伍建设"目标及本系（部）教师发展规划和目标，结合自身发展和提升诉求，制订职业发展规划，确定发展目标，实现个人发展与学院发展的同向。

（5）学生围绕"综合素质提升工程"建设目标，根据所在专业人才培养方案，结合个人实际和发展需求，制订个人发展规划、学业规划和职业规划，确立发展目标，实现学生个人发展目标和人才培养目标的一致。

质量目标体系如表 2-2 所示：

表 2-2　质量目标体系

层面	目标类型	具体目标	目标生成主体	规划依据
学校	规模目标	全日制在校生规模、继续教育规模、社会培训规模、资产、教学软硬件配置一流等各类办学规模具体值	学院	1. 学院"十三五"事业发展规划 2. 优质校建设方案
	工作目标	岗位职责清晰，工作推进高效		
	发展目标	行业领先、全国一流、国际可比		
专业	结构目标	交通属性专业占比；对接区域支柱产业占比和能力	学院 专业负责人 专业建设团队 教学系（部） 专业带头人	1. "十三五"专业建设规划 2. 各系"十三五"子规划 3. 专业建设方案 4. 人才培养方案
	建设目标	综合办学实力水平、核心办学指标在行业、全省和全国的排名情况；课程体系对专业人才培养方案中培养定位和培养目标的支撑度		
	运行目标	有完善的专业建设保障、激励、约束相关机制		
课程	建设目标	院级精品在线开放课程 x 门；省级精品在线开发课程 x 门；国家级精品在线开发课程 x 门；国家专业资源库 x 个；每一门课程的具体建设目标	教学系（部）	1. "十三五"课程建设规划 2. 各系"十三五"子规划
	教学实施目标	课程标准覆盖面达100%；课程内容与职业标准对接度xx%；课程资源具体指标；课程实施过程；课程评价结果等	课程负责人 课程建设团队	课程建设方案

续表

层面	目标类型		具体目标	目标生成主体	规划依据
教师	整体	数量目标	专职教师达到 x 人；兼职教师 x 人；生师比 x∶1；辅导员配比 200∶1 等	学院 教学系（部）	1."十三五"师资队伍建设规划 2. 各系"十三五"子规划
		结构目标	教师年龄、职称、学历、学位、双师型等各类教师结构比		
		发展目标	各级教学名师、大师工作室数量；师资队伍整体水平在同类院校、行业的影响力等		
	个体	师德师风	无违背党和国家方针政策的言行；无学术不端行为；无违反学院规章制度的行为等	教师 教学系（部）	教师自我发展规划
		业务能力	教师教学、科研、社会服务、学生管理等方面的能力目标值		
		职业发展	教师职称、学历晋升；取得职业技能等级认证等目标值		
学生	整体	质量目标	学院毕业生就业率；技能等级证书获取率；就业起薪、学生违纪率、学生党员占比、各类评优评先等目标值	学生 教学系（部） 教师	1."十三五"学生工作规划 2."十三五"系部子规划 3. 学生个人发展规划
	个体	学业发展	是否顺利毕业；学分绩点情况		
		个人发展	思想品德，获得奖学金、评优评先、参加各类赛事获奖情况		
		职业发展	取得职业技能等级证书情况，能胜任工作		

4. 标准体系建设

紧紧围绕"人人皆可成才"的发展理念，以学院"十三五"事业发展规划和优质校建设总体目标为统领,以学院迈上"五个新台阶"(专业建设能力迈上新台阶、队伍建设水平迈上新台阶、人才培养质量迈上新台阶、科技服务能力迈上新台阶、内部治理能力迈上新台阶)的整体规划构建学校、专业、课程、教师、学生五个层面的标准体系,如表 2-3 所示。

表 2-3 质量标准体系

层面	标准类型	诊断要素（质控点/目标量化值）	达标标准	目标标准	目标生成主体	参照标准
学校	规模标准	全日制在校生规模（人）			学院	选取同类和行业高水平优秀院校,参照其相关水平
		继续教育规模（人/年）				
		社会培训（人次/年）				
		技术服务产值（万元）				
		占地面积				
		教学用房				
		行政用房				
		图书馆藏				
		取得专利数（项/年）				
		资产总值（万元）				
		教学仪器设备值（万元）				
		科研仪器设备值（万元）				
		……				
	工作标准	部门职责标准				
		岗位人员标准				
		工作质量标准				
		各类考核管理标准				
		……				
	发展标准	优质校建设关键指标				
		"双高"校关键指标				
		行业领先、全国一流、国际可比关键指标的衡量标准				
		各类 50 强关键指标值				
		……				

续表

层面	标准类型	诊断要素（质控点/目标量化值）	达标标准	目标标准	目标生成主体	参照标准
专业	结构标准	专业总数（个）			学院专业负责人、专业建设团队、教学系（部）	选取同类和行业高水平优秀院校，参照其相关水平
专业	结构标准	交通属性专业占比				
专业	结构标准	对接区域支柱产业占比和能力				
专业	结构标准	……				
专业	建设标准	国内领先、国际一流标准；省内领军、国内一流标准；行业领先标准；省内一流标准；专业群划分标准；新专业建设标				
专业	运行标准	专业设置与动态调整标准、专业预警标准；课程体系对专业人才培养方案中培养定位和培养目标的支撑度				
课程	建设标准	课程标准、教学资源库建设标准、各级在线开放课程建设标准、教材建设（选用）标准			课程负责人、教学系（部）、课程建设团队	选取同类和行业高水平优秀院校，参照其相关水平
课程	教学实施标准	教学工作规范、教学管理规范、课堂教学质量标准、实践教学质量标准、课程考核评定标准、教学质量监控与评价办法				
教师	整体	数量标准	专职教师数			学院、教学系（部）	选取同类和行业高水平优秀院校，参照其相关水平
教师	整体	数量标准	教辅人员数				
教师	整体	数量标准	辅导员数				
教师	整体	数量标准	生师比				
教师	整体	数量标准	辅导员配比等				
教师	整体	数量标准	……				

续表

层面	标准类型	诊断要素（质控点/目标量化值）	达标标准	目标标准	目标生成主体	参照标准
教师	整体	结构标准	各类职称人数				
			各类学历人数				
			各类学位人数				
			双师型教师数				
			……				
		发展标准	各级名师、大师数量				
			在同类院校、行业的影响力教师或团队数量				
	个体	师德师风	教师入职标准、师德标准、教师教学工作规范				
		业务能力标准	新教师岗前培训标准、高层次人才引进标准、"双师型"教师认定标准、企业顶岗实践锻炼标准、学生管理与服务标准、各级职称评审标准				
		职业发展标准	骨干教师标准、专业带头人标准、教学名师标准、技能大师标准、优秀教师标准、师德标兵标准				
学生	整体	质量标准	学院毕业生就业率			学生、教学系（部）、教师	选取同类和行业高水平优秀院校，参照其相关水平
			技能等级证书获取率				
			就业起薪				
			学生违纪率				
			学生党员占比				
			各类评优评先等数量				
			专业对口率				

续表

层面	标准类型	诊断要素（质控点/目标量化值）	达标标准	目标标准	目标生成主体	参照标准
学生	整体 质量标准	创新创业大赛获奖情况				
		创业率				
		专升本比例				
		各类评优评先评定标准				
		……				
	个体 学业发展标准	学分绩点				
		……				
	个人发展标准	心理测评				
		参加文体比赛获奖				
		参加青年志愿者活动				
		获得奖助学金情况				
		评优评先情况				
		……				
	职业发展标准	取得等级证书				
		各级技能大赛获奖				
		顶岗实习鉴定				
		……				

5. 制度体系建设

结合内部质量保证体系建设要求，围绕人才培养这一核心要务，构建完善的制度体系，进一步厘清各部门的岗位职责和制度建设责任。以《四川交通职业技术学院章程》为基础，学校、专业、课程、教师、学生五个层面分别从决策指挥、资源建设、支持保障、质量生成和监督控制五个方面健全制度体系，制订相关操作流程和标准，逐步建立制度建设、制度宣贯、制度执行和创新提高的制度运行管理机制。学院制度体系框架如表2-4所示。

表 2-4 制度体系框架

事项/内容			制度建设
一级	二级	三级	责任部门（牵头部门）
学校	决策指挥	学院机构设置	党政办
		党委会议事规则	党政办
		院长办公会议事规则	党政办
		学术委员会章程	科研处
		教学工作委员会章程	组织人事处
		……	
	资源建设	智慧校园建设方案	现教中心
		采购管理办法	财务国资处
		……	
	支持保障	资产管理	财务国资处
		财务管理	财务国资处
		后勤管理和服务	后勤基建处
		公共机房管理办法	后勤基建处
		教室管理办法	后勤基建处
		安全稳定	保卫处
		……	
	质量生成	人才培养—学籍管理办法	教务处
		人才培养—人才培养模式改革	教务处
		……	
		社会服务—社会培训	成教部
		社会服务—继续教育	成教部
		……	
		科学研究—科研团队建设管理办法	科研处
		科学研究—科研管理办法	科研处
		……	
		文化传承—……	宣传统战部

续表

事项/内容			制度建设
一级	二级	三级	责任部门（牵头部门）
学校	监督控制	目标绩效考核管理办法	党政办
		信息公开	党政办
		监督和问责	纪委办（监审处）
		……	
专业	决策指挥	专业建设规划	教务处
		专业设置与管理办法	教务处
		人才培养方案编制指导意见	教务处
		……	
	资源建设	实训基地建设管理办法	教务处
		校企合作管理办法	产教融合中心
		……	
	支持保障	经费预算管理	财务国资处
		……	
	质量生成	人才培养方案	教务处
		教育教学改革	教务处
		……	
	监督控制	专业诊断与评估管理办法	教务处
		……	
课程	决策指挥	课程建设规划	教务处
		……	
	资源建设	精品在线开放课程建设管理办法	教务处
		教材建设与选用办法	教务处
		……	
	支持保障	实验实习经费管理办法	教务处
		……	

续表

事项/内容			制度建设
一级	二级	三级	责任部门（牵头部门）
课程	质量生成	课堂教学规范	教务处
		实践教学规范	教务处
		学分制管理制度	教务处
		课程置换、学分替代管理办法	教务处
		……	
	监督控制	成绩考核管理办法	教务处
		教学质量评价管理办法	教务处
		……	
教师	决策指挥	师资队伍"十三五"规划	组织人事处
		"三定"方案	组织人事处
		教研室设置与管理办法	组织人事处
		……	
	资源建设	岗位聘用与管理办法	组织人事处
		兼职教师管理办法	组织人事处
		教学团队建设管理办法	组织人事处
		……	
	支持保障	专业带头人管理办法	组织人事处
		骨干教师管理办法	组织人事处
		高层次人才引进、培养管理办法	组织人事处
		……	
	质量生成	教师教学工作规范	教务处
		学业导师管理办法	教务处
		……	
	监督控制	教学事故处理办法	教务处
		教师奖励管理办法	组织人事处
		优秀教师评选管理办法	组织人事处
		……	

续表

事项/内容			制度建设
一级	二级	三级	责任部门（牵头部门）
学生	决策指挥	学生素质提升"十三五"规划	学工部
		……	
	资源建设	宿舍管理	学工部
		班级管理	学工部
		……	
	支持保障	心理咨询服务	学工部
		创新创业服务	创新创业学院
		就业指导	招就处
		……	
	质量生成	学生管理规定	学工部
		奖、助、贷、补	学工部
		第二课堂管理	团委
		……	
	监督控制	学生奖惩管理	学工部
		综合素质测评管理	团委
		……	

6. 评价体系建设

诊改的目的在于人才培养质量能呈螺旋式的改进与提升，保证学院质量保证体系的运行，目标链和标准链依托制度体系实施，实施的效果必须引入评价体系来判断。评价体系应从多层次、多维度建设，主要从校内和校外两个维度分别覆盖学校层面、专业层面、教师层面、课程层面、学生层面等质量主体来建立。校内维度主要从生源质量、就业质量、培养过程、教学管理与运行、教学改革与研究、教学服务、专业建设、课程建设、课程实施、教师个人能力提升、教师教学能力表现、学生德智体美劳等方面进行评价；校外维度主要从用人单位满意度调查、毕业生满意度调查、毕业生事业发展调查等方面进行评价。

二、各层面设计思路

（一）学校层面

围绕学院"行业领先、全国一流、国际可比"的发展目标，依托"十三五"事业发展规划，优质校建设目标及专业、师资等各个子规划，全面梳理学校、职能部门、二级系（部）、教研室等不同层级的质量目

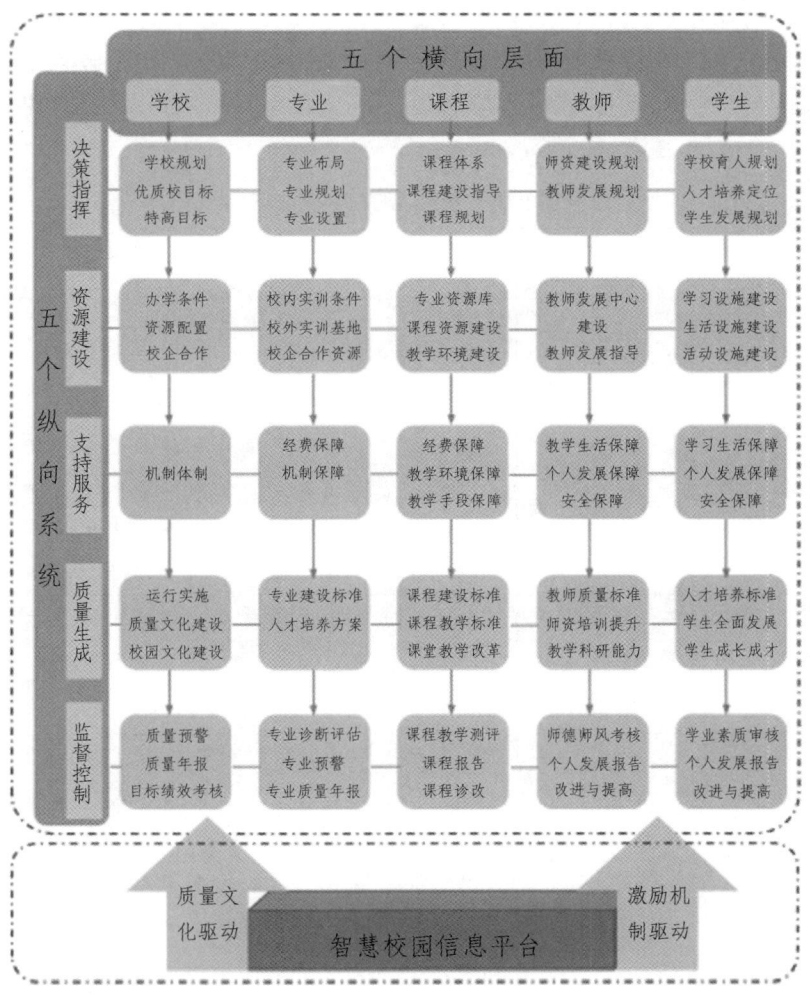

图 2-4　学校层面诊改基于"五纵五横两驱动一平台"设计

标和标准，通过目标链和标准链的经络梳理，设计基于"五纵五横两驱动一平台"的诊改框架。学校层面聚焦优质院校建设，专业、课程、教师、学生层面在各自的诊改中，基于学校质量目标和标准，进行自我诊改系统设计。

学校层面作为统领其他四个层面的存在，其诊断既需具有一定的概括性，又需要与其他四个层面有所区别，具有一定的针对性。基于此，学校层面的指标体系从规划与标准、运行与实施、资源条件、政策与制度、监控与成效 5 个方面构建诊断指标体系。几个方面的指标体系均是从学院整体发展的角度，从顶层设计的视角出发，对学校发展的几个重点方面进行诊改。

表 2-5 学校层面诊断指标

ID	一级指标	诊断要素（二级指标）	诊断点
1	规划与标准	学院发展规划	学院"十三五"事业发展规划、全国优质高职院校建设计划申报书、8 个子规划、八大工程、教师/学生个人发展规划等
2		学院管理标准	为确保"十三五"事业发展规划和优质校建设目标全面达成制定的各项管理标准，主要包括：部门职责、岗位工作标准、工作流程标准（工作表单）、制度标准、绩效考核标准等
3	运行与实施	学院年度、月度工作目标、工作要点	学院年度党建工作目标、年度工作要点、部门年度工作要点、月度工作计划，教师、学生个人工作目标等
4	资源条件	办学条件	生师比、年生均财政拨款水平、生均教学行政用房、生均图书册数、网络多媒体教室数、生均占地面积等
5		师资队伍	教职员工额定编制数、在岗教职员工总数、专任教师总数、副高及以上比例、硕士及以上比例、"国家特支"教学名师、全国交通行业带头人、四川省学术带头人等

续表

ID	一级指标	诊断要素（二级指标）	诊断点
6	资源条件	人才培养	全日制在校学生规模、毕业生人数、就业人数、毕业生就业率、毕业生专业对口率等
7		专业水平	专业规模、国际有影响力专业、全国一流专业、省级重点（骨干）专业、行业特色专业、省级及以上实训基地、省级及以上课程建设成果、省级及以上教学成果等
8		课程资源	教学计划内课程总数、线上开设课程数、省级及以上精品在线开放课程门数
9		科研与社会服务	服务交通行业人才培养项目、科技技术服务行业产值、省级及以上创新平台、省级及以上创新团队、校办企业产值、服务行业人才培养鉴定及认证考试等
10		产教融合	牵头组建行业职教集团、产学研联盟、合作企业数、企业驻校数、校外实习基地数、企业提供的校内实践教学设备值、合作企业订单人才培养等
11		国际合作	全日制国（境）外留学生人数（一年以上）、非全日制国（境）外人员培训量、在校生服务"走出去"企业国（境）外实习时间等
12		智慧校园	主要指标包括：校园网主干最大带宽
13		质量文化	主要指标包括：质量文化建设方案
14	政策与制度	政策	《教育部办公厅关于建立职业院校教学工作诊断与改进制度的通知》《四川省高职创新计划行动方案》《四川省高职院校内部质量保证体系诊断与改进工作实施方案》《四川省教育厅关于全面推进高职院校教学工作诊断与改进制度建设的通知》《国家职业教育改革实施方案》（职教20条）等

续表

ID	一级指标	诊断要素（二级指标）	诊断点
15	政策与制度	制度	党委会/院长办公会议事规则、专业设置与管理办法、课堂教学规范、岗位聘用与管理办法、学生奖惩管理办法等
16	监控与成效	监控	部门《年度自我诊改报告》、高职人才培养质量年报制度、毕业生培养质量评估报告、继续教育年度发展报告制度、"十三五"规划目标评估报告、高职状态数据平台分析报告、学院年度质量报告、年度部门目标与绩效考核情况、学院年度综合值周情况通报、日常督办、重点工作（十件实事）情况通报、书记信箱、院长信箱、院长接待日、"我和书记有个约"等
17		成效	学校层面诊断报告，年度高等职业院校育人成效50强入围情况、年度教学资源50强入围情况、年度国际影响力50强入围情况、年度服务贡献50强入围情况、四川省高职院校教学工作及业绩考核、高校毕业生培养质量评估报告主要指标等

（二）专业层面

专业层面的诊改思路基于三个方面的考虑。对学校而言，重点是对接产业的专业布局优化，核心是专业规划的顶层设计；对管理部门而言，重点是相关制度体系和管理体系的建立；对具体的专业而言，重点就是专业的持续改进，从专业建设和专业教学两方面进行设计，其中专业教学就是人才培养方案的实施，最终落脚在人才的培养，落在如何提高培养质量上。

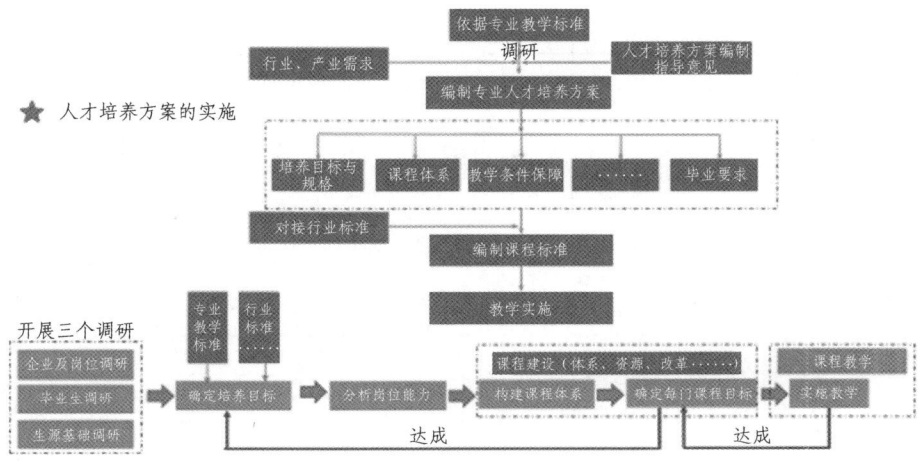

图 2-5 专业层面(专业教学)诊改思路

专业建设诊改方面,参照人才培养状态数据关键指标点,从专业定位与人才培养、师资队伍、课程体系与课程改革、实践教学、社会评价及社会服务、校企合作及国际交流 6 个方面,设计了专业建设诊改的 18 个诊断要素,39 个诊断点以诊断专业定位、培养定位契合度、师资水平和影响力、课程开放程度、实践条件支撑度、社会服务贡献度及校企和国际交流度等,促进专业建设和发展水平的提升。

表 2-6 专业建设诊断指标

ID	一级指标	诊断要素（二级指标）	诊断点
1	专业定位与人才培养	专业定位	专业定位是否合理
2		专业建设规划	专业调研报告和建设方案
3		专业人才培养	人才培养方案培养目标定位准确
4	师资队伍	专业带头人	是否有专业带头人
5		数量与结构	本专业专任教师累计数（个）
6			本专业专业课教师生师比
7			本专业骨干教师累计数（个）
8		师资水平	本专业专任教师双师型教师占比（%）

续表

ID	一级指标	诊断要素（二级指标）	诊断点
9	师资队伍	师资水平	本专业教师参加省级大赛获奖增量（人，项）
10			本专业教师参加国赛获奖增量（人）
11	课程体系与课程改革	培养方案中课程体系设置	实践课程开设学时所占比例（%）
12		专业课程资源情况	本专业院级在线开放课程门数增量（门）
13			本专业省级在线开放课程门数增量（门）
14			本专业国家在线开放课程门数增量（门）
15		专业资源库建设情况	本专业主持建设的专业资源库情况增量（个）
16			本专业参与建设的专业资源库情况增量（个）
17		教学实施情况	本专业教师应用信息化教学的比例（%）
18		教改成果	本专业院级教改项目数量增量（个）
19			本专业省级教改项目数量增量（个）
20	实践教学	实践教学条件	校内实训基地面积累计数（平方米）
21			校内实训基地生均设备值（万元/人）
22			校外实训基地累计个数
23			本专业实训条件是否达到职业院校专业实训教学条件建设标准要求
24			校外实训基地接受半年顶岗实习学生人数所占专业总人数的比例（%）
25		实践教学效果	本专业学生参加院级学生技能竞赛比例2（%）
26			本专业学生参加省级大赛获奖增量（项）
27			本专业学生参加国赛大赛获奖增量（项）

续表

ID	一级指标	诊断要素（二级指标）	诊断点
28	社会评价及社会服务	招生情况	新生报到率（%）
29		毕业生就业质量	毕业生初次就业率（%）
30			毕业生就业对口率（%）
31		社会培训	社会培训增量（人天）
32		技术服务产值	技术服务产值增量（万元）
33	校企合作与国际交流	校企合作	本专业合作企业总数增量（个）
34			本专业合作企业订单培养比例（%）
35			本专业合作企业接受半年顶岗实习学生比例（%）
36		国际交流	专业国际合作项目增量（个）
37			留学生累计数（个）
38			国际合作办学学生累计数（个）
39			对外交流学生累计人数（个）

专业教学的诊改，就是对人才培养实施过程的诊断和改进，按照培养方案从调研、编制到实施的过程，诊断人才培养目标的达成度。专业教学的诊改过程最终落在课程建设和课程教学两方面，通过对每堂课目标的达成、每门课目标的达成以及对学生个人发展的诊断，最终促使专业人才培养目标的达成。

（三）课程层面

围绕课程的定位和目标，从教学内容、资源、环境、团队以及教学实施和考核评定等方面开展课程诊改，目的在于诊断课程资源和课程教学对课程定位和目标的支撑度，以及课程定位是否支撑人才培养目标，是否满足岗位能力需求，旨在提升课程建设和课程实施质量，最终提高人才培养质量。课程的团队水平、资源环境、实施效果等要有利于课程目标的实现，要能支撑该专业的人才培养目标的实现。基于上述考虑，我们将课程层面诊改分为课程建设和课程教学两方面进行。

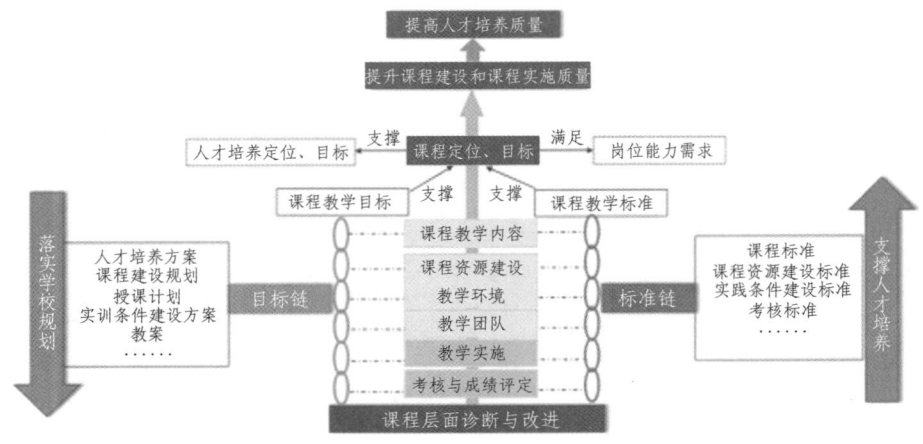

图 2-6　课程层面诊改思路

课程建设和课程实施过程直接决定学生学习的最终效果，是提升教学质量的重点，也是培养人才的核心要素。课程层面的诊改按"以学习为中心"的教育理念实施，重点评价课程为学生提供有效的学校环境和有意义的学校经历。在课程建设方面，对标省级、国家级精品在线开放课程建设标准，设置对应级别课程建设目标达成标准值，形成课程建设标准体系。各门课程结合自身实际可适当动态调整诊断点，体现课程的性质和特点。参照国家、省级精品在线开放课程关键指标，从课程建设规划与目标、课程团队建设、资源建设、教学实施、课程目标达成度 5 个方面设计了课程建设诊改的 11 个诊断要素和 20 个诊断点。通过诊断，促使专业设置对接产业、培养目标定位适应需求、课程内容对接职业标准和市场进步、教学资源满足专业办学要求。

课程教学则从各类教学文件以及课程教学实施过程参照的顶岗实习标准、行业/企业标准、教师教学工作规范等方面建立了标准体系，以此诊断课程教学目标的达成度。主要围绕课程目标的实现，从课程标准出发，从教学组织方式、课堂吸引力、学生参与度、课堂教学评价、学生满意度等方面确定诊断点和参考目标、标准，明确诊断、改进和效果评估的方式和路径。

表 2-7　课程建设诊断指标

ID	一级指标	诊断要素（二级指标）	诊断点
1	课程建设规划与目标	课程规划	课程设置与定位
2			课程发展目标
3			课程教学目标
4			课程规划方案
5		课程实施标准	课程标准
6	课程团队建设	课程团队配置	承担本课程教学任务的专任教师数（人）
7			课程负责人
8	资源建设	教学资源	是否使用网络教学平台
9			课程教学文件
10			视频教学资源时长/数量（分钟/个）
11			题库建设情况
12			课程教学案例或项目数（个）
13		教材选用和建设	是否与合作企业共同开发教材
14		实训室资源建设	是否有满足课程教学需要的实践教学条件和设备
15		课程开放程度	课程选课人数（人）
16			课程对校内人员和校外人员开放的比例
17	教学实施	课堂（实训）教学	缺课率（%）
18		教学实施的计划性	与授课计划的吻合度（%）
19	课程目标达成度	教学质量	课程考核通过率（%）
20		课程目标达成度	在校生对课程的满意度（%）

通过诊改，让课堂教学评价体系更加健全；教学组织方式更多样、

教学手段更灵活；课堂吸引力明显增强，教师教学成就感和幸福感提升；学生教学参与度明显增强，获得感和关注度提升。

（四）教师层面

教师层面，分教师队伍和教师个人进行诊改。各相关部门负责本部门教师队伍的诊改，教师个人负责对本人的现状和发展进行诊改。

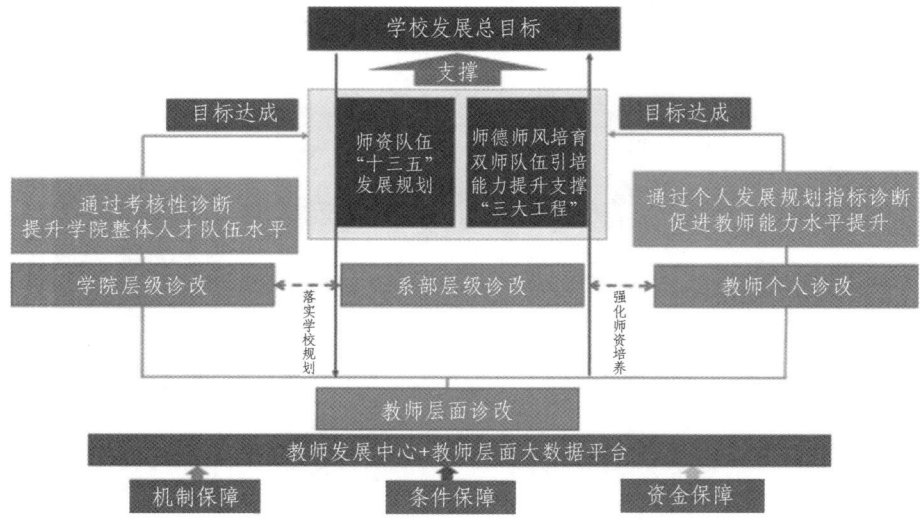

图 2-7　教师层面诊改思路

教师队伍是学校的宝贵资源。从队伍整体建设的角度，分数量、结构、质量三个维度对师资队伍进行诊断。

表 2-8　教师队伍系（部）诊断指标（部分）

ID	一级指标	诊断要素（二级指标）	诊断点
1	数量	辅导员数量	符合办学指标要求
2		专业群领军人才	符合省学术技术带头人、万人计划、国家教学名师或同等水平标准的高层次人才

续表

ID	一级指标	诊断要素（二级指标）	诊断点
3	数量	专业带头人	能够起到带头人作用，在科教研发等方面有特长，能带团队
4		骨干教师	能够起到骨干教师作用，在教学、教研和教改方面有特长
5		承担教学工作量	合理分配，专任教师完成不低于额定的工作量
6	结构	硕士以上专任教师比例	是否达到规划要求
7		高级职称专任教师比例	是否达到规划要求
8		专业教师双师素质比例	是否达到规划要求
9		骨干教师有企业一线工作经历比例	是否达到规划要求
10		高水平教学团队	是否达到规划要求
11		参加职业院校教师教学能力大赛省级以上获奖数量、级别	是否达到规划要求
12	质量	高层次人才数量	达到规划要求，能够起到引领作用，且有适合发展的平台和团队
13		技能大师（名师）	达到规划要求，能够起到引领作用，且有适合发展的平台和团队
14		技能大师工作室或技艺平台	达到规划要求，能够起到引领作用，且有适合发展的平台和团队
15		获得省级以上荣誉教师数量	是否达到规划要求
16		辅导员学历提升比例	是否达到规划要求
17		辅导员取得职业咨询师、创业咨询师等相关资格证书比例	是否达到规划要求
18		培养省级优秀辅导员	是否达到规划要求
19		专任教师参与课程建设比例	是否达到规划要求
20		指导学生参赛获奖	是否达到规划要求
21		教改项目	是否达到规划要求

在教师个人的诊改上，其诊断结果一方面要支撑系部对教师队伍的诊断，支撑学院的发展；另一方面还要具有发展性，能够通过诊断，帮助教师找到问题，做好下一步发展规划。因此，在教师个人的诊断指标构建上，为更有针对性地开展诊断，根据岗位类型、发展方向，将教师分为专业教师和辅导员两类。专业教师个人分为专业群领军人才、专业带头人、骨干教师、教学能手四个层级，从基本专业能力、双师素质、专业和课程建设、科研和社会服务能力、教书育人能力 5 个方面构建诊断指标；辅导员个人则分为一至三级，分别从基本专业能力、职业素质、教书育人三个方面进行诊断。

表 2-9 专业教师个人诊断指标（部分）

ID	一级指标	诊断要素（二级指标）	诊断点
1	基本专业能力	学历或学位	学历：专科/本科/研究生；学位：学士/硕士/博士
2		专业技术职务	正高/副高/中级/初级
3	双师素质	企业一线工作经历	时间、企业名称、工作内容
4	专业和课程建设	加入教学团队	级别、排名
5		参加课程建设	级别、排名
6		参加技能大师工作室、技艺平台或名师工作室建设（日/学期）	是/否、排名、时长
7		参加教学能力大赛	获奖级别、排名
8		参加人才培养方案制定（参与排名位数）	是/否、排名
9		参加专业发展规划制定（参与排名位数）	是/否、排名
10	科研和社会服务能力	主持或参与纵向科研项目，其中主持院级多少项，省厅级及以上多少项	是/否、排名
11		主持或参与横向科研项目，其中支持或主导合同额多少万元	是/否、合同额
12		获得院级及以上科研奖项多少项	是/否、排名

续表

ID	一级指标	诊断要素（二级指标）	诊断点
13	教书育人能力	年终师德师风考评结果	优秀、合格、不合格
14		存在有效投诉	是/否
15		是否为学生社团指导教师	是/否、排名

表 2-10 辅导员个人诊断指标（部分）

ID	一级指标	诊断要素（二级指标）	诊断点
1	基本专业能力	学历或学位	学历：专科/本科/研究生；学位：学士/硕士/博士
2		专业技术职务	正高/副高/中级/初级
3	职业素质	年参加培训多少学时（1天折合8学时）	学时
4		是否参与学院各项素质类课程备课	是/否
5		是否参与辅导员技能大赛	级别、奖项
6		年带学生数量	数量
7		是否参加论文评奖	级别、奖项
8	教书育人	是否存在有效投诉	是/否
9		年终师德师风考评结果	优秀、合格、不合格
10		是否担任创新创业指导	是/否
11		取得咨询师等资格证书	数量、证书名称
12		所带学生获得奖学金	数量、级别
13		所带学生获得学业警告比例低于某值（红牌、黄牌）	按红牌、黄牌统计
14		所带学生获得处分比例低于某值	级别、比例
15		当年是否承担学生家访工作	是/否
16		是否为学生社团指导教师	排名、社团名称

（五）学生层面

学生质量是一个学校办学质量的最终体现。在前面四个层面诊断指标的基础上，学生层面重在对学生的现状和发展进行诊断。与教师层面相似，学生层面的诊断也分为学生群体和学生个人两个部分。学生群体的诊断关注学生整体的发展，学生个人的诊断支撑学生群体的发展，最终都落实到学生培养质量上。

学生群体诊断方面，通过实施"百千万"工程，从发展定位、学业发展、素质发展、职业能力发展、学工队伍建设5个方面构建15个诊断要素；学生个人方面，则从学业发展、素质发展、个性发展3个方面构建5个诊断点。

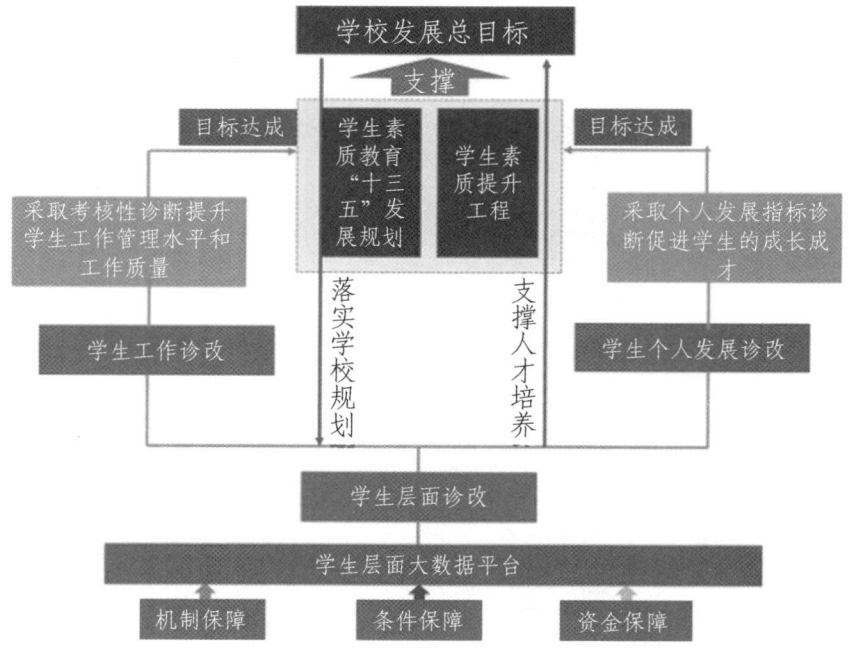

图 2-8 学生层面诊改思路

表 2-11　学生群体诊断指标

ID	一级指标	诊断要素（二级指标）	诊断点
1	发展定位	A百（行业精英人才）	培养人数
2		B千（卓越人才）	培养人数
3		C万（技术技能人才）	培养人数
4	学业发展	学习成绩	入学教育首次考试合格率
5		技术技能	技能竞赛覆盖面
6	素质发展	职业素养与职业发展	素质学分达标率
7		党团员教育培养	学生党员占比
8		文明寝室建设	文明寝室率
9		奖资助	评优评先计划完成率
10		违纪教育	学生违纪处分率
11	职业能力发展	学生就业	毕业生就业率
12		创新创业	创新创业获奖项目
13		执业资格证书和职业能力证书	执业资格证书和职业能力证书获取率
14	学工队伍建设	辅导员队伍建设	师生比是否达标
15		辅导员职称职级	是否开展职称职级评定

表 2-12　学生个人诊断指标

ID	一级指标	二级指标	具体内容
1	学业发展	学期学分绩点	平均学分绩点高低
2		参加学生技能大赛	参加学生技能大赛项目数量
3		协助参与教师科教研项目	有无协助、参与教师科教研项目
4		获专利情况	有无专利获得
5	素质发展	两课、形势与政策、入学教育、国防教育	是否完成教学课程考试
6		党校培训、团校培训	是否参加并取得结业证书
7		讲座及报告	是否参与并有心得体会

续表

ID	一级指标	二级指标	具体内容
8	素质发展	志愿者活动	是否参与志愿者活动
9		文明寝室	所在寝室是否被评为文明寝室
10		争先创优中，受系、院及以上表彰	是否受到表彰
11		素质拓展训练	是否参加素质拓展训练
12		社团活动	是否参加社团活动
13		计算机、体育课	是否通过课程考试
14		安全演习	是否参加演习
15		心理健康教育课程	是否通过课程考试
16		社会实践	是否参加社会实践
17		执业资格证书和职业能力证书取证	取证情况
18		担任学生干部	是否担任干部并履职合格
19		职业素养必修课	是否通过课程考试
20		学业规划	是否完成学业规划书
21		职业规划	是否完成职业规划书
22		职业指导测评	是否完成职业指导测评
23		创新创业培训	是否参加创新创业培训并取得证书
24		创业创新实践	是否参加创业创新实践并取得相应的成绩
25	个性发展	体育健康测试	是否参与体育健康测试
26		心理健康测试	是否参与心理健康测试
27		心理健康活动	是否参加心理健康活动
28		大学英语等级证书	是否获得相应的等级证书
29		普通话水平等级证书	是否获得相应的等级证书
30		计算机等级证书	是否获得相应的等级证书
31		学历提升	是否完成自考学业科目

续表

ID	一级指标	二级指标	具体内容
32	个性发展	第二课堂成绩	是否取得相应的成绩
33		国赛获奖、世赛进入国家集训队、国家级奖励	是否取得相应的成绩
34		省部级竞赛获奖、院级十佳学生标兵、省级优秀毕业生、院级学生会主席团成员和各部部长、院级学生组织各部（社团）部长（社长）、系级学生会主席团成员	是否符合标准
35		本、专科层次毕业；专升本	是否取得相应的成绩

第二节 "两链"打造与传递

"两链"打造是诊改工作的起点，也是对学院治理体系的一个检验。在规划目标的传递上，上层目标决定下层目标，下层目标支撑上层目标，由此形成学校、专业、课程、教师、学生五个层面上下衔接、左右呼应的目标链。对应的目标链，发挥标准在质量中的基础性、引领性作用，通过对标同类或同行业高水平优质高校，在满足国家办学标准、教学标准等基础上，分析研究学院发展的优势和劣势，科学设置诊断点（关键质量控制指标），形成学校、专业、课程、教师、学生五个层面纵横衔接、相互匹配的标准链。

在规划目标的传递上，上层目标决定下层目标，下层目标支撑上层目标，由此形成学校、专业、课程、教师、学生五个层面上下衔接、左右呼应的目标链。对应的目标链，发挥标准在质量中的基础性、引领性作用，通过对标同类或同行业高水平优质高校，在满足国家办学标准、教学标准等基础上，分析研究学院发展的优势和劣势，科学设置诊断点（关键质量控制指标），形成学校、专业、课程、教师、学生五个层面纵横衔接、相互匹配的标准链。

学校层面目标分解到年度。根据学院年度目标，从规模标准、工作标准、发展标准三个方面出发构建学院质量标准体系。围绕"规划与标准、运行与实施、资源条件、政策与制度、监控与成效"5个部分设置106个诊断点（关键质量控制指标），确定职能部门、教学系（部）为质量主体，以年为大循环周期开展诊改工作。

专业层面分类确定诊断标准。从专业建设和专业教学（人才培养实施）两个方面推进专业层面诊改。围绕"全国领先、全国一流、省内领先、省内一流、学院一流、学院特色"6类专业定位设置9个诊断点（关键质量控制指标），确定专业建设团队为质量主体，以年为大循环周期开展诊改工作。

课程层面分级确立课程层面标准。从国家级—省级—院级—系级四级课程建设推进课程层面诊改。围绕"课程建设目标、课程团队建设、资源建设、教学实施、课程教学达成度"5个部分设置20个诊断点（关键质量控制指标），确定课程建设以课程团队为质量主体，以年为周期开展诊改工作；课程教学以师生为质量主体，以学期为周期开展诊改工作。

教师层面分维度分层级确定教师发展标准。依据专业和课程建设规划目标，结合教师个人自我发展规划确定教师发展标准。学院层级和系部层级围绕"数量、结构、质量"3个部分设置22个诊断点（关键质量控制指标）；教师个人层级围绕"基本能力、职业素养、专业和课程建设、科研及社会服务能力、教书育人"5个部分设置77个诊断点（关键质量控制指标），确定组织人事处、教学系（部）和教师（专任教师、校内兼课教师、辅导员）为质量主体，以年为大循环周期开展诊改工作。

学生层面分维度确定学生个人发展标准。从学生管理工作和学生个人发展两方面推进学生层面诊改。围绕"百—千—万"学生发展标准，分别设置学生管理工作5个部分15个诊断点（关键质量控制指标）

和学生个人发展 3 个部分 35 个诊断点（关键质量控制指标），确定学生工作部、教学系（部）和学生个人为质量主体，学生管理工作以学年为周期开展诊改工作，学生个人以学期为周期开展诊改工作。

一、学校层面

（一）目标链打造与传递

根据学院"十三五"事业发展规划和优质高职院校建设任务确定的学院发展总目标，围绕八大工程，各相关部门结合自身工作职能制订部门发展规划，形成规划体系（见表2-13）。

表 2-13　学院"十三五"事业发展规划体系

规划层级		规划名称	牵头部门/人
一级规划	总规划	学院"十三五"事业发展规划	党委行政办公室
	总方案	优质院校建设方案	优建办
二级规划	八大工程	治理能力提升工程	党委行政办公室
		高水平专业建设	教务处、教学部门
		高水平队伍建设	组织人事处
		产教深度融合工程	规划与产教融合发展中心
		服务能力提升工程	成人继续教育部（职业技能培训部）
		国际交流合作工程	国际学院
		教育信息化建设	信息中心
		学生综合素质提升工程	学工部、团委
	专项规划	专业建设"十三五"发展规划	教务处
		课程建设"十三五"规划	教务处
		师资"十三五"发展规划	组织人事处
		科研"十三五"发展规划	科技研究中心
		资产经营公司"十三五"发展规划	资产经营公司
		基本建设"十三五"发展规划	后勤（基建）处

续表

规划层级		规划名称	牵头部门/人
二级规划	专项规划	学生素质教育"十三五"发展规划	学工部、团委
		智慧校园"十三五"发展规划	信息中心
		国际合作"十三五"发展规划	国际部
		教学部门规划	教学部门
三级规划		专业建设方案	教学部门/专业带头人
		课程建设方案	教学部门/课程负责人
		教师自我发展规划	组织人事处/教师
		学生自我发展规划	学生工作部/学生

学院将"十三五"事业发展规划和全国优质高职院校建设方案按年度进行分解,确定学院年度目标。根据年度目标制定学院年度党政工作要点,工作内容可度量、可监测,对责任部门、责任人和时间节点要进行明确。

二级部门根据学院年度目标及党政工作要点,结合部门的工作职能,确定部门年度工作计划和任务,形成部门的年度目标。

二级部门将目标任务层层分解落实、责任到人。个人结合部门年度目标,确定个人工作任务和个人发展规划,形成学院、部门、专业、课程、教师、学生上下衔接、左右呼应的目标链(见图2-9)。

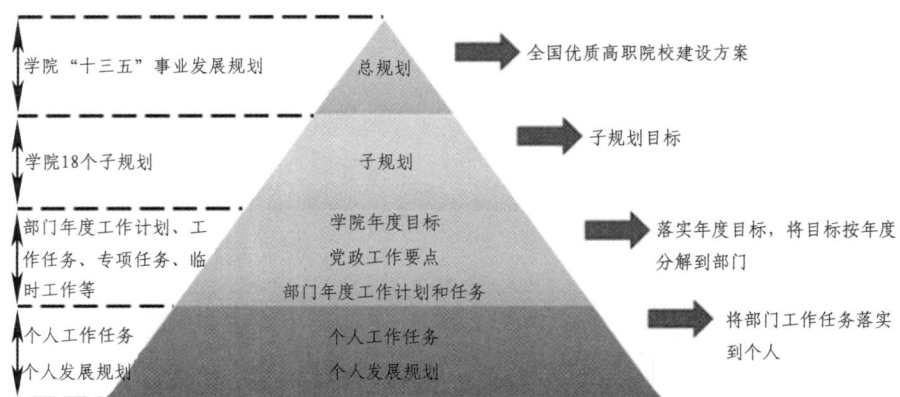

图2-9 构建学院发展目标链

建立和完善学校层面"目标链"是诊改工作的起点，学院各部门要根据各自的职能定位，打造涵盖学校、部门、个人的多层目标相互链接、统一协调的目标链，使学院发展目标层层传递至专业、课程、教师、学生各个层面。学校层面发展目标链按照层级、目标和责任部门进行划分，形成学校层面目标链传递表（见表2-14）。

表 2-14　学校层面目标链传递表

层级	目标	责任部门
一级目标	学院"十三五"教育事业发展规划目标	党委行政办公室
	全国优质高职院校建设目标	党委行政办公室
二级目标	教学"十三五"发展规划目标	教务处
	师资"十三五"发展规划/高水平队伍建设目标	组织人事处
	科研"十三五"发展规划目标	科技研究中心
	资产经营公司"十三五"发展规划目标	资产经营公司
	基本建设"十三五"发展规划目标	后勤（基建）处
	学生素质教育"十三五"发展规划/学生综合素质提升目标	学工部
		团委
		教务处
		创新创业学院
	智慧校园"十三五"发展规划/教育信息化目标	信息中心
	国际合作"十三五"发展规划/国际合作交流目标	国际学院
	教学系（部）"十三五"发展规划目标	各教学部门
	治理能力提升目标	教务处
		组织人事处
		党委行政办公室
		宣传统战部
		学工部

续表

层级	目标	责任部门
二级目标	专业建设"十三五"发展规划/高水平专业建设目标	教学部门
	产教深度融合目标	规划与产教融合发展中心
	服务能力提升目标	科技研究中心
		成人继续教育（职业技能培训部）
三级目标	学院年度工作计划、年度党委行政工作要点	党委行政办公室
	二级部门年度工作计划（计划目标 1/2/……n）	教学部门、职能处室
	二级部门年度目标责任及工作任务 （工作任务 1/2/……n） （专项工作 1/2/……n） （临时工作 1/2/……n）	教学部门、职能处室
	教师个人发展规划目标	教学部门、职能处室
	学生个人发展规划目标	教学部门、职能处室
四级目标	职能部门各岗位年度目标责任及工作任务 （工作任务 1/2/……n） （专项工作 1/2/……n） （临时工作 1/2/5……n）	教学部门、职能处室
	教师个人年度目标责任及工作任务 （工作任务 1/2/……n） （专项工作 1/2/……n） （临时工作 1/2/……n）	教学部门、职能处室
	教师年度个人发展规划目标	教学部门、职能处室
	学生年度个人发展规划目标	教学部门、职能处室

（二）标准链打造与传递

根据学校层面梳理出的目标链，寻找或制订能判定实现或达到对应目标的标准体系，即为学校层面标准链。它从规模标准、工作标准、发展标准三种类型出发构建学院质量标准体系。其中规模标准主要围绕学院办学条件、师资队伍、人才培养、专业水平、课程资源、科研与社会服务、产教融合、国际合作、智慧校园、质量文化10个维度设定诊断要素；工作标准主要围绕部门职责、岗位职责、工作质量、过程督办、绩效考核等设定诊断要素；发展标准主要围绕学院"十三五"教育事业发展规划提出的指标标准、优质高职院校建设、党代会工作报告、高职院校各类50强关键指标等设定诊断要素。

学校层面标准链的打造如表 2-15 所示。

表 2-15 学校层面标准链

层面	标准类型	维度	诊断要素（质控点/目标量化值）	对应标准
学校	规模标准	办学条件	生师比（%）	选取同类和行业高水平优秀院校，参照其相关水平
			具有研究生学位教师占专任教师的比例	
			具有高级职务教师占专任教师的比例（%）	
			年生均财政拨款水平（元/生）	
			年生均财政专项经费	
			生均教学行政用房（平方米/生）	
			生均教学科研仪器设备总值（元/生）	
			生均教学及辅助、行政办公用房面积（平方米/生）	
			新增教学科研仪器设备所占比例（%）	
			……	
		师资队伍	教职员工额定编制数（人）	选取同类和行业高水平优秀院校，参照其相关水平
			在岗教职员工总数（人）	
			专任教师总数（人）	
			★副高及以上比例（百分比）	
			★硕士及以上比例（百分比）	

续表

层面	标准类型	维度	诊断要素（质控点/目标量化值）	对应标准
学校	规模标准	师资队伍	★"双师型"教师比例（百分比）	
			★四川省教学名师（个）	
			★四川省级教学团队（个）	
			★"国家特支"教学名师（人）	
			★全国交通行业带头人（人）	
			……	
		人才培养	★全日制在校学生规模（人）	选取同类和行业高水平优秀院校，参照其相关水平
			毕业生人数	
			就业人数	
			★毕业生就业率（百分比）	
			A类：留在当地就业人数	
			B类：到西部地区和东北地区就业人数	
			C类：到中小微企业等基层服务人数	
			D类：到500强企业就业人数	
			月收入	
			★毕业生专业对口率（百分比）	
			……	
		专业水平	★专业规模（个）	选取同类和行业高水平优秀院校，参照其相关水平
			★国际有影响力专业（个）	
			★全国一流专业（个）	
			★省级重点（骨干）专业（个）	
			★行业特色专业（个）	
			★省级及以上实训基地（个）	
			★省级及以上课程建设成果（门/项）	
			★省级及以上教学成果（项）	
			……	

续表

层面	标准类型	维度	诊断要素（质控点/目标量化值）	对应标准
学校	规模标准	课程资源	教学计划内课程总数	选取同类和行业高水平优秀院校，参照其相关水平
			线上开设课程数	
			省级及以上精品在线开放课程门数	
			……	
		科研与社会服务	★服务交通行业人才培养项目（个）	选取同类和行业高水平优秀院校，参照其相关水平
			★科技技术服务行业产值（万元/年）	
			★省级及以上创新平台（个）	
			★省级及以上创新团队（个）	
			纵向科研经费到款额	
			横向技术服务到款额	
			横向技术服务产生的经济效益	
			★校办企业产值（万元/年）	
			★服务行业人才培养鉴定及认证考试（万人次/年）	
			……	
		产教融合	★产学研联盟（个）	选取同类和行业高水平优秀院校，参照其相关水平
			★牵头组建行业职教集团（个）	
			★合作企业数（家）	
			★企业驻校数（家）	
			★校外实习基地数（个）	
			企业提供的校内实践教学设备值	
			生均企业实习经费补贴	
			生均财政专项补贴	
			生均企业实习责任保险补贴	
			生均财政专项补贴	
			……	

续表

层面	标准类型	维度	诊断要素（质控点/目标量化值）	对应标准
学校	规模标准	国际合作	全日制国（境）外留学生人数（一年以上）	选取同类和行业高水平优秀院校，参照其相关水平
			非全日制国（境）外人员培训量（人日）	
			在校生服务"走出去"企业国（境）外实习时间（人日）	
			专任教师赴国（境）外指导和开展培训时间（人日）	
			在国（境）外组织担任职务的专任教师人数	
			开发并被国（境）外采用的专业教学标准数	
			开发并被国（境）外采用的课程标准数	
			国（境）外技能大赛获奖数量	
			……	
		智慧校园	校园网主干最大带宽	选取同类和行业高水平优秀院校，参照其相关水平
			智慧校园建设方案	
		质量文化	质量文化建设方案	选取同类和行业高水平优秀院校，参照其相关水平
	工作标准	部门职责	部门职责标准	
		岗位职责	岗位工作标准	
		工作质量	工作流程标准（工作表单）、制度标准	

续表

层面	标准类型	维度	诊断要素（质控点/目标量化值）	对应标准
学校	工作标准	过程督办	学院年度综合值周情况通报、日常督办、重点工作（十件实事）情况通报、书记信箱、院长信箱、院长接待日、"我和书记有个约"、部门年度自我诊改报告等	
		绩效考核	绩效考核标准	
	发展标准	学院"十三五"教育事业发展规划	建设1个国际知名专业	"行业领先、全国一流、国际可比"关键指标的衡量标准
			打造2个国内一流专业	
			打造10个省级重点（骨干）专业	
			打造10个行业特色专业	
			拥有国家级技能大师1~2人	
			培育或者引进国家级教学名师1名	
			建成10门省级及以上高职高专精品在线开发课程	
			推行国际交流与合作工程	
			……	
		优质高职院校建设关键指标	建成1个全国领先专业、2个一流专业	优质高职院校建设关键指标值
			建成产教大楼（四川交通工程技术中心）	
			新增1名省级学术和技术带头人	
			教师年均发表论文不低于300篇	
			年均科技开发与技术服务不低于20项	
			建成1个国际学院	
			学生技能竞赛获奖（国家/省级项）达到20/90个	
			创新创业项目总产值（万元）达到1000万元	
			毕业生母校满意度达到95%	
			……	

续表

层面	标准类型	维度	诊断要素（质控点/目标量化值）	对应标准
学校	发展标准	党代会工作报告	建成6个院级教学名师工作室	学院党代会工作报告中关键指标值
			建成5个省级教学名师工作室	
			建成2个国家级教学名师工作室	
			建成10门省级及以上精品在线开放课程	
			……	
		高职院校各类50强	育人成效50强	各类50强关键指标值
			教学资源50强	
			国际影响力50强	
			服务贡献50强	
		高等教育事业统计调查表/状态数据平台填报等要求	高等教育事业统计调查和状态数据平台填报中关键指标值	

备注：诊断要素中带星号部分为学院"十三五"规划中关键指标，其他加粗部分为学院年度质量报告、高等教育事业统计调查表、状态数据平台关键指标。

二、专业层面

（一）目标链打造与传递

围绕学院总体发展目标，建立从学院到教学系，再到各专业的上下衔接、互为支撑、层层递进的专业层面目标链和标准链。实现专业的目标、标准对上来自学院和教学系发展目标与标准，对下统领本专业的课程、师资以及学生的目标、标准，层层链接。实现所有的目标与标准之间、各专业与学院之间、专业教学实施与专业建设之间等方面都能够在目标和标准之间相互支撑、相互依附。实现目标和标准从学院、教学系、专业、专业建设内涵各个要素等不同层级的递进与全覆盖。专业层面目标链的传递如表 2-16 所示。

表 2-16 专业层面目标链传递示意

层级		目标
学院总体发展目标		总体办学实力达到"行业领先、全国一流、国际知名"
"十三五"事业发展规划 优质校高水平专业建设目标		形成"国—省—院"三级专业建设体系。 1 个专业达到"全国领先、国际可比"目标； 2 个专业达到"全国一流"目标； 3 个专业达到"省内领先"目标； 4 个专业达到"省内一流"目标； 11 个专业达到"学院一流"目标； 若干具有学院特色的传统和新建专业达到"学院特色"目标
具体专业发展目标	道桥系	道路桥梁工程技术	全国一流、国际可比
		地下与隧道工程技术	学院一流
		土木工程检测技术	学院一流
		铁道工程技术	学院特色
	汽车系	汽车运用与维修技术	全国领先、国际可比
		汽车营销与服务	省内一流
		汽车车身修复技术	学院一流
		新能源汽车运用维修	学院特色

续表

层级			目标
具体专业发展目标	机电系	汽车制造与装配技术	省内领先
		工程机械运用技术	学院一流
		机械自造与自动化	学院一流
		工业机器人技术	学院特色
	信息系	智能交通技术运用	全国一流
		软件技术	学院一流
		电子信息工程技术	学院特色
		移动通信技术	学院特色
		物联网技术	学院特色
		信息安全与管理	学院特色
	建工系	建筑工程技术	省内一流
		市政工程技术	省内一流
		工程造价	学院一流
		建筑装饰工程技术	学院特色
	经管系	会计	学院一流
		市场营销	学院特色
		旅游管理	学院特色
	运输系	物流管理	省内一流
		交通运营管理	学院特色
	人文系	环境艺术设计	学院一流
		产品艺术设计	学院一流
		数字媒体应用技术	学院特色
	航运系	航海技术	省内领先
		轮机工程	学院一流
		国际邮轮乘务管理	学院特色

续表

层级			目标
具体专业发展目标	轨道系	城市轨道交通车辆技术	省内领先
		城市轨道交通机电技术	学院特色
		城市轨道交通运营管理	学院特色
专业具体建设内涵要素发展目标	道桥系	专业1	
		人才培养目标	本专业人才培养定位和目标
		人才培养模式	培养模式改革方案
		课程体系	各级在线开发课程具体目标 教学资源建设目标 ……
		教师队伍	教师队伍数量、结构、学历、职称等目标 ……
		校企合作机制	合作企业数 订单班比例 开展现代学徒制情况 ……
		……	……
		实践教学条件	校内外实训条件 生均设备值 ……
		评价体系	多元评价指标体系 毕业生持续跟踪调查方案 企业反馈信息分析 ……
		……	

（二）标准链打造与传递

所谓标准，就是针对目标确定的衡量尺度。根据专业层面梳理出的目标链,寻找或制订能判定实现或达到对应目标的标准体系,即为标准链。专业层面标准链的打造如表 2-17 所示。

表 2-17 专业层面标准链

<table>
<tr><th colspan="4">层级</th><th>对应标准</th></tr>
<tr><td colspan="4">学院总体发展目标</td><td>—</td></tr>
<tr><td colspan="4">高水平专业建设发展目标</td><td>"优质校建设—高水平专业建设"评审标准</td></tr>
<tr><td colspan="4">具体专业发展目标</td><td>国家专业教学标准、分级专业建设发展标准</td></tr>
<tr><td rowspan="9">专业具体建设内涵要素发展目标</td><td rowspan="9">道桥系</td><td rowspan="9">专业1</td><td>人才培养目标</td><td>人才培养标准</td></tr>
<tr><td>人才培养模式</td><td>—</td></tr>
<tr><td>课程体系</td><td>各级课程认定标准</td></tr>
<tr><td>教师队伍</td><td>"双师"教师认定标准
教师上岗标准
……</td></tr>
<tr><td>产教合作目标</td><td>产教合作制度
企业规模、类型设定</td></tr>
<tr><td>……</td><td></td></tr>
<tr><td>实践教学条件目标</td><td>实训基地建设标准</td></tr>
<tr><td>评价体系</td><td>多元评价标准
第三方或者自定标准
……</td></tr>
<tr><td colspan="2">……</td></tr>
</table>

三、课程层面

(一)目标链打造与传递

围绕学院总体发展目标,建立从学院到教学系,再到课程的上下衔接、互为支撑、层层递进的课程层面目标链和标准链。实现课程的目标、标准对上来自学院和教学系发展目标与标准,对下落实到每一门课的教学计划。通过目标的落实，实现课程的准确定位，并根据定位建立周期目标和标准，实现步步落实，层层链接。课程层面目标链的传递如表2-18所示。

表2-18　课程层面目标链传递表

层级		目标
学院总体发展目标		总体办学实力达到"行业领先、全国一流、国际知名"
学院"十三五"规划课程发展目标		1. 到2020年，建成10~15门省级及以上精品在线开放课程。 2. 建成5门国家级精品在线开放课程。 3. 优化课程标准、实践项目标准、课程考核标准。 4. 在现有省级和院级精品共享课程的基础上，积极引导课程负责人不断完善课程资源建设；鼓励教师开展特色教材建设、企业生产资源库建设。 5. 探索建立教师教学空间和学生学习空间，实现课程标准、教案、教学视频等教学资料共享开放
系（部）课程建设水平目标	道桥系	建成"道路工程制图"国家级精品在线开放课程； 建成"工程测量"省级精品在线开放课程； ……
	汽车系	……
	机电系	……
	信息系	……
	建工系	……
	经管系	……
	运输系	……

续表

层级				目标
课程资源建设和实施目标	人文系			……
	航运系			……
	轨道系			……
	道桥系	课程1	课程培养目标	知识目标、技能目标、素质目标
			教学团队建设目标	课程专家团队培养目标、企业兼职教师培养目标、双师型教师培养目标
			资源建设目标	案例资源、微课资源、试题库资源、教材建设
			信息化建设目标	在线开放课程目标、混合式教学模式……
			……	……
			实践教学条件	实践教学工位数……，教学设备值
			课程、教师评价等级目标	学生评教目标、企业评价目标、教师评教目标
		……		
	汽车系	课程1~n	……	……
	机电系	课程1~n	……	……
	信息系	课程1~n	……	……
	建工系	课程1~n	……	……

续表

层级			目标	
课程资源建设和实施目标	经管系	课程1~n	……	……
	运输系	课程1~n	……	……
	人文系	课程1~n	……	……
	航运系	课程1~n	……	……
	轨道系	课程1~n	……	……

（二）标准链打造与传递

根据课程层面梳理出的目标链，寻找或制订能判定实现或达到对应目标的标准，即为标准链。课程层面标准链的打造如表2-19所示。

表 2-19　课程层面标准链

层级			对应标准
学院总体发展目标			—
学院"十三五"规划课程发展目标			"十三五"规划评审标准
教学系课程分层发展目标			分级课程建设发展标准
具体课程水平目标	道桥系	课程1	课程1建设标准
		课程2	课程2建设标准
		……	……
		课程n	课程n建设标准
		……	

续表

层级				对应标准
课程具体建设内涵要素发展目标	道桥系	课程1	课程培养目标	知识标准、技能标准、素质标准
			教学团队建设目标	课程专家团队培养标准、企业兼职教师培养标准、双师型教师培养标准
			资源建设目标	案例资源、微课资源、试题库资源、教材建设
			信息化建设目标	在线开放课程标准、混合式教学模式标准……
			……	……
			实践教学条件	实践教学工位数标准……，教学设备值标准
			课程、教师评价等级目标	学生评教标准、企业评价标准、教师评教标准
			……	

四、教师层面

（一）目标链打造与传递

围绕学院人才队伍总体发展规划和目标，建立从学院到教学系（部），再到教师个人的上下衔接、互为支撑、层层递进的教师层面目标链和标准链。建立明确且定位准确的学院、系（部）及教师个人三个层面的目标和标准，步步落实，层层链接。目前，教师层面规划三年为一个目标周期（2018—2020年），一年为一个诊断周期。教师层面目标链的传递如表2-20所示。

表 2-20 教师层面目标链传递表

层级	目标及部分参考值	
学院总体发展目标	总体办学实力达到"行业领先、全国一流、国际知名"	
	目标名称	规划周期目标
	辅导员数量（与学生数量的关系）	1：200
	硕士以上专任教师比例	55%
	高级职称专任教师比例	45%
	专业教师双师素质比例	100%
	骨干教师有企业一线工作经历比例	100%
	高层次人才数量	100
	高水平教学团队数量	12
	★专业群领军人才数量	2
	专业带头人	20
	骨干教师	120
	专任教师参与课程建设比例	100%
	★专任教师参加当年度职业教育教师教学能力大赛比例	70%
	技能大师（名师）（级别）	省：4 国：2
	技能大师工作室或技艺平台（级别）	名师或双师：（省：4 国：2）技艺/能平台：（省：4 国：1）
	教师发展中心	有
	获得省级以上荣誉教师数量	20
	辅导员学历提升比例	20%
	辅导员取得咨询师等资格证书比例	60%
	培养省级优秀辅导员	1

续表

层级		目标及部分参考值	
		目标名称	规划周期目标
		总体规划目标	A/B/C/D/E
教学系部教师分层发展目标	道桥系	辅导员数量	2020年目标附表后
		硕士以上专任教师比例	
		高级职称专任教师比例	
		专业教师双师素质比例	
		骨干教师有企业一线工作经历比例	
		高层次人才数量	
		高水平教学团队数量	
		专业群领军人才数量	
		专业带头人数量	
		骨干教师数量	
		专任教师至少参与课程建设比例	
		专任教师参加当年度职业教育教师教学能力大赛比例	
		技能大师（名师）(级别)	
		技能大师工作室或技艺平台（级别）	
		获得省级以上荣誉教师数量	
		辅导员取得咨询师等资格证书比例	
		辅导员学历提升比例	
		指导学生参赛获省级以上奖励	
		省级以上教改项目	
	汽车系	……	
	机电系	……	
	信息系	……	
	建工系	……	
	经管系	……	

续表

层级			目标及部分参考值	
	运输系		……	
	人文系		……	
	航运系		……	
	轨道系		……	
专任教师个人发展目标	道桥系	工号1：姓名1	目标名称	规划周期目标
			总体规划目标	A/B/C/D
			学历或学位	教师填报手册
			专业技术职务	
			年参加培训多少学时（1天折合8学时）	
			加入高水平教学团队（排名、级别：国家、省、市正式发文的）	
			参与教育主管部门主办的教师教学能力大赛（级别、奖项）	
			顶岗锻炼（公共基础课和思政类教师为社会实践）	
			主持或参加技能大师工作室、技艺平台或名师工作室建设（日/学期：参与以学院发文为准）	
			主持或参加人才培养方案制定（主要工作内容）	
			主持或参加专业发展规划制定（主要工作内容）	
			年均承担教学工作量	
			主持或参与在线开放课程（参与排名位数、级别）	
			主持或参与教学改革工作（具体课程名称、参与排名位数）	

续表

层级			目标及部分参考值	
专任教师个人发展目标	道桥系	工号1：姓名1	主持或参与纵向科研项目，其中主持院级多少项，省厅级及以上多少项	教师填报手册
			主持或参与横向科研项目，其中支持或主导合同额多少万元	
			发表论文多少篇，其中核心多少篇	
			获得院级及以上科研奖项多少项	
			主持或参与非纯考试类社会服务项目多少项	
			存在有效投诉	
			年终师德师风考评结果	
			担任创新创业指导	
			担任学业指导教师	
			指导学生技能大赛（级别、奖项、排名）	
			学生社团指导教师	
		工号2：姓名2		
		……		
		工号n：姓名n		
	汽车系	工号1：姓名1		
		……		
		工号n：姓名n		
	机电系	工号1：姓名1		
		……		
		工号n：姓名n		

续表

层级			目标及部分参考值
专任教师个人发展目标	信息系	工号1：姓名1	
		……	
		工号n：姓名n	
	建工系	工号1：姓名1	
		……	
		工号n：姓名n	
	经管系	工号1：姓名1	
		……	
		工号n：姓名n	
	运输系	工号1：姓名1	
		……	
		工号n：姓名n	
	人文系	工号1：姓名1	
		……	
		工号n：姓名n	
	航运系	工号1：姓名1	
		……	
		工号n：姓名n	

续表

层级			目标及部分参考值	
专任教师个人发展目标	轨道系	工号1: 姓名1		
		……		
		工号n: 姓名n		
辅导员个人发展目标	道桥系	工号1: 姓名1	目标名称	规划周期目标
			总体规划目标	A/B/C
			是否提升学历或学位	教师填报手册
			专业技术职务	
			年参加培训多少学时（1天折合8学时）	
			参与辅导员技能大赛（级别、奖项）	
			参与学院各项素质类课程备课	
			年带学生总人数	
			发表论文多少篇，其中核心多少篇	
			参加论文评奖（级别、奖项）	
			主持或参与纵向科研项目，其中院级多少项，省厅级及以上多少项	
			主持或参与横向科研项目，其中支持或主导合同额多少万元	
			存在有效投诉	
			年终师德师风考评结果	
			担任创新创业指导	
			指导学生技能大赛	
			是学生社团指导教师	
			加入高水平教学团队（排名）	

续表

层级			目标及部分参考值	
辅导员个人发展目标	道桥系	工号1: 姓名1	取得咨询师等资格证书（证书名称）	教师填报手册
			所带学生获得奖学金（数量、级别）	
			所带学生获得学业警告比例低于某值（红牌、黄牌）	
			所带学生获得处分比例低于某值	
			当年是否承担学生家访工作	
			主持或参加人才培养方案制定（主要内容）	
			主持或参加专业发展规划制定（主要内容）	
		工号2: 姓名2		
		……		
		工号n: 姓名n		
	汽车系	工号1: 姓名1		
		……		
		工号n: 姓名n		
	机电系	工号1: 姓名1		
		……		
		工号n: 姓名n		
	信息系	工号1: 姓名1		
		……		
		工号n: 姓名n		

续表

层级			目标及部分参考值
辅导员个人发展目标	建工系	工号1：姓名1	
		……	
		工号n：姓名n	
	经管系	工号1：姓名1	
		……	
		工号n：姓名n	
	运输系	工号1：姓名1	
		……	
		工号n：姓名n	
	人文系	工号1：姓名1	
		……	
		工号n：姓名n	
	航运系	工号1：姓名1	
		……	
		工号n：姓名n	
	轨道系	工号1：姓名1	
		工号2：姓名2	
		……	
		工号n：姓名n	

续表

层级			目标及部分参考值	
			目标名称	规划周期目标
校内兼职教师个人发展目标	道桥系	工号1：姓名1	总体规划目标	A/B/C/D
			学历或学位	教师填报手册
			专业技术职务	
			年参加培训多少学时（1天折合8学时）	
			主持或参加技能大师工作室、技艺平台或名师工作室建设（日/学期：参与以学院发文为准）	
			主持或参加人才培养方案制定（主要工作内容）	
			主持或参加专业发展规划制定（主要工作内容）	
			年均承担教学工作量	
			主持或参与在线开放课程（参与排名位数、级别）	
			主持或参与教学改革工作（具体课程名称、参与排名位数）	
			主持或参与纵向科研项目，其中主持院级多少项，省厅级及以上多少项	
			主持或参与横向科研项目，其中支持或主导合同额多少万元	
			发表论文多少篇，其中核心多少篇	
			获得院级及以上科研奖项多少项	
			主持或参与非纯考试类社会服务项目多少项	
			存在有效投诉	
			年终师德师风考评结果	
			担任创新创业指导	
			担任学业指导教师	
			指导学生技能大赛（级别、奖项、排名）	

续表

层级			目标及部分参考值
校内兼职教师个人发展目标	道桥系	工号2:姓名2	
		……	
		工号n:姓名n	
	汽车系	工号1:姓名1	
		工号2:姓名2	
		……	
		工号n:姓名n	
	机电系	工号1:姓名1	
		工号2:姓名2	
		……	
		工号n:姓名n	
	信息系	工号1:姓名1	
		工号2:姓名2	
		……	
		工号n:姓名n	
	建工系	工号1:姓名1	
		工号2:姓名2	
		……	
		工号n:姓名n	

续表

层级			目标及部分参考值
校内兼职教师个人发展目标	经管系	工号 1:姓名 1	
		工号 2:姓名 2	
		……	
		工号 n:姓名 n	
	运输系	工号 1:姓名 1	
		工号 2:姓名 2	
		……	
		工号 n:姓名 n	
	人文系	工号 1:姓名 1	
		工号 2:姓名 2	
		……	
		工号 n:姓名 n	
	航运系	工号 1:姓名 1	
		工号 2:姓名 2	
		……	
		工号 n:姓名 n	
	轨道系	工号 1:姓名 1	
		工号 2:姓名 2	
		……	
		工号 n:姓名 n	

学院与系部目标传递情况如表 2-21 所示：

表 2-21　系部规划周期目标传递情况表（部分）

诊断标准	道桥	汽车	信息	建工	机电	经管	运输	人文	航运	轨道	公教	思政	备注
总体规划目标	国内一流、行业领先	全国领先、国际可比	省内领先	省内一流	省内领先	省内一流	省内一流	行业领先	省内领先	行业领先	省内一流	国内一流、行业领先	系部按照"十三五"规划，完善本部门 2019 和 2020 年人才队伍建设规划（要有本部门规划文件），涵盖下述目标
辅导员数量													以本部门学生为基数，1：200 的比例确定本部门辅导员人数
硕士以上专任教师比例													
高级职称专任教师比例													
专业教师双师素质比例													专职教师
骨干教师有企业一线工作经历比例													公教、思政部教师为有社会实践经历
高层次人才数量													根据"十三五"规划，博士、教授或其他高级专家及以上，《高层次人才引进与培养办法》
高水平教学团队数量													根据"十三五"规划

（二）标准链打造与传递

根据教师层面梳理出的目标链，寻找或制订能判定实现或达到对应目标的标准，即为标准链。教师层面标准链的打造如表 2-22 所示。

表 2-22　教师层面标准链（部分）

层级	目标	对应标准
学院发展目标	教职工队伍发展规划	学院"十三五"规划
	专任教师个人职业生涯规划	《专业技术人员聘期考核办法》
	高层次人才数量	《高层次人才引进与培养管理办法》
	高水平教学团队	《关于进一步加强教学团队建设，提升教师课程建设与教学能力的工作方案（2020—2022 年）》
	专业群领军人才	《专业群领军人才、专业（学科）带头人、骨干教师选拔与管理办法》
	专业带头人	《专业群领军人才、专业（学科）带头人、骨干教师选拔与管理办法》
	骨干教师	《专业群领军人才、专业（学科）带头人、骨干教师选拔与管理办法》
	专任教师至少参与课程建设比例	《关于进一步加强教学团队建设，提升教师课程建设与教学能力的工作方案（2020—2022 年）》
	专任教师参加当年度职业教育教师教学能力大赛比例	教务处关于教师参加职业教育教师教学能力大赛配套管理办法
	技能大师（名师）（级别）	《技能大师（教学名师）工作室管理办法（试行）》
	技能大师工作室或技艺平台（级别）	《技能大师（教学名师）工作室管理办法（试行）》
	硕士以上专任教师比例	硕士学位或研究生学历证书
	……	……

续表

层级	目标	对应标准
教学系（部）发展标准	系部教职工队伍发展规划	系部人才队伍建设定位
	专任教师个人职业生涯规划	《专业技术人员聘期考核办法》
	高层次人才	《高层次人才引进与培养管理办法》
	高水平教学团队	《关于进一步加强教学团队建设，提升教师课程建设与教学能力的工作方案（2020—2022年）》
	专业群领军人才	《专业群领军人才、专业（学科）带头人、骨干教师选拔与管理办法》
	专业带头人	《专业群领军人才、专业（学科）带头人、骨干教师选拔与管理办法》
	骨干教师	《专业群领军人才、专业（学科）带头人、骨干教师选拔与管理办法》
	骨干教师有企业一线工作经历比例	有企业一线工作经历
	辅导员学历提升比例	硕士学位或研究生学历证书
	辅导员取得咨询师资格证书比例	相关证书
	……	……
教师发展标准	学历或学位	相应学历或学位证书
	专业技术职务	《专业技术职务评审工作实施办法（暂行）》
	年参加培训多少学时（1天折合8学时）	《教职工继续教育管理办法（试行）》
	顶岗锻炼（公共基础课和思政类教师为社会实践）	《教职工继续教育管理办法（试行）》
	加入高水平教学团队（排名）	教务处备案

续表

层级	目标	对应标准
教师发展标准	参与教师教学能力大赛（级别、奖项）	教务处备案
	主持或参加技能大师工作室、技艺平台或名师工作室建设（日/学期）	《技能大师（教学名师）工作室管理办法（试行）》
	主持或参加人才培养方案制定（排名）	系部备案
	年终师德师风考评结果	《师德师风建设暂行管理办法》
	担任创新创业指导	创新创业学院备案
	……	……
辅导员发展标准	提升学历或学位	相应学历或学位证书
	专业技术职务	《专业技术职务评审工作实施办法（暂行）》
	年参加培训多少学时（1天折合8学时）	《教职工继续教育管理办法（试行）》
	参与辅导员技能大赛(级别、奖项）	《辅导员技能大赛管理办法》
	参与学院各项素质类课程备课	学工部备案
	年带学生数量	教务处备案
	发表论文多少篇，其中核心多少篇	科研处备案
	……	……

五、学生层面

（一）目标链打造与运行

围绕学院人才培养发展目标，建立从学院到教学系，再到学生个人的上下衔接、互为支撑、层层递进的学生层面目标链和标准链。实现明确和定位准确的学院、教学系及学生个人目标，根据定位建立周期目标和标准，步步落实，层层链接。学生层面规划三年为一个目标周期（2018—2020 年），一学期为一个诊断周期。学生层面目标链的传递如表 2-23 所示。

表 2-23　学生层面目标链传递（部分）

层级		目标	
学院总体发展目标		总体办学实力达到"行业领先、全国一流、国际知名"	
学生层面发展目标		目标名称	规划目标
		百、千、万人才培养	105 人、1050 人、10 500 人
		入学教育考试首次合格率	80%
		毕业生就业率	96%
		执业资格证书和职业能力证书获取率	95%
		学生党员占比	0.42%
		各类评优评先计划完成率	85%
		文明寝室率	65%
		……	……
教学系学生发展目标	道桥系	目标名称	规划目标
		总体目标规划	
		百、千、万人才培养	百 18 人，千 180 人，万 1800 人
		入学教育考试首次合格率	80%
		毕业生就业率	96%
		执业资格证书和职业能力证书获取率	95%
		学生党员占比	0.42%
		各类评优评先计划完成率	85%
		文明寝室率	65%
		……	……

续表

层级		目标	
教学系学生发展目标	汽车系	百、千、万人才培养 ……	百18人，千180人，万1800人
	建工系	百、千、万人才培养 ……	百11人，千110人，万1100人
	机电系	百、千、万人才培养 ……	百9人，千90人，万900人
	信息系	百、千、万人才培养 ……	百12人，千120人，万1200人
	艺术与设计系	百、千、万人才培养 ……	百8人，千80人，万800人
	经管系	百、千、万人才培养 ……	百9人，千90人，万900人
	运输系	百、千、万人才培养 ……	百6人，千60人，万600人
	航运系	百、千、万人才培养 ……	百6人，千60人，万600人
	轨道系	百、千、万人才培养 ……	百8人，千80人，万800人

层级			目标名称	规划目标
学生个人发展目标	道桥系	学号1：姓名1	总体规划目标	A/B/C
			学期学分绩点	合格及以上
			参加各级各类技能大赛	是/否
			协助参与教师科教研项目	是/否
			……	……
		学号2：姓名2	……	……
		学号n：姓名n	……	……

续表

层级		目标	
学生个人发展目标	汽车系	学号 1：姓名 1	
		……	
		学号 n：姓名 n	
	建工系	学号 1：姓名 1	
		……	
		学号 n：姓名 n	
	机电系	学号 1：姓名 1	
		……	
		学号 n：姓名 n	
	信息系	学号 1：姓名 1	
		……	
		学号 n：姓名 n	
	艺术与设计系	学号 1：姓名 1	
		……	
		学号 n：姓名 n	
	经管系	学号 1：姓名 1	
		……	
		学号 n：姓名 n	
	运输系	学号 1：姓名 1	
		……	
		学号 n：姓名 n	
	航运系	学号 1：姓名 1	
		……	
		学号 n：姓名 n	
	轨道系	学号 1：姓名 1	
		……	
		学号 n：姓名 n	

（二）标准链打造与运行

根据学生层面梳理出的目标链，寻找或制订能判定实现或达到对应目标的标准体系，即为标准链。学生层面标准链的打造如表 2-24 所示。

表 2-24　学生层面标准链（部分）

层级	目标	对应标准
学院发展目标	百、千、万人才培养计划	A/B/C
	入学考试首次合格率	学院学生课程考核管理办法
	毕业生就业率	学院毕业生就业工作管理办法
	执业资格证书和职业能力证书获取率	《国家行业职业资格鉴定标准》
	学生党员人数	学生党员发展程序标准
	各类评优评先计划完成率	学院学生奖资助评定办法
	文明寝室率	文明寝室评比标准
	……	……
教学系学生发展目标	百、千、万人才培养	A/B/C
	入学考试首次合格率	学院学生课程考核管理办法
	毕业生就业率	学院毕业生就业工作管理办法
	执业资格证书和职业能力证书获取率	《国家行业职业资格鉴定标准》
	学生党员人数	学生党员发展程序标准
	各类评优评先计划完成率	学院学生奖资助评定办法
	文明寝室率	文明寝室评比标准
	……	……
学生个人发展目标	学期学分绩点	学院学分制管理制度
	参加各级各类技能大赛	学院学生实践技能竞赛管理办法
	获得专利多少项	学院专利申请管理办法
	执业资格证书和职业能力证书获取率	《国家行业职业资格鉴定标准》
	职业素养与职业发展学分	学院大学生职业素养与职业发展教育培养计划
	……	……

第三节 螺旋运行

系统梳理"8字形螺旋"各环节的内涵，按照"事前确定目标标准，事中监测预警，事后诊断改进"的路径，明确每个层面开展诊改工作的工作主体、诊断周期、诊断方法，充分利用信息化平台，常态化开展诊改工作。以学校层面为例，螺旋的运行遵循以下流程。

一、事前确定目标标准

2017年以来，每年定期召开学院职教工作会，总结上年工作，依据"十三五"事业发展规划目标，安排部署当年度工作。会后，党委行政办公室将当年重点工作任务、重点建设项目正式发文分解落实到职能部门、教学系（部），要求挂图作战。

二、事中监测预警

按照"周、月、季度、年"四种周期，分别开展小"8"字预警循环。

（一）综合值周制度

每周一书记、院长组织召开值周交接会，督促检查学院年度重点工作完成情况及学院运行中存在的问题，会后由学院办公室发文督办。

（二）进度月报送制度

学院对年度重点工作推进情况、十件实事办理情况、优质高职院校建设情况等实行月报送制度，及时跟踪检查，发现问题立即整改，督促各项工作推进。

（三）每季度绩效考核

对学院党建工作、常规工作季度考核结果及时通报并发布预警，与年底考核等级挂钩。

（四）年度工作通报

对学院年度重点工作、重点项目、优质院校项目建设情况、十件实事办理情况等进行考核并全院通报，为下阶段工作开展打下基础。

三、事后诊断改进

职能部门、教学系（部）根据诊断与改进工作要求，就年初制定的目标达成情况开展自我诊断，查找不足并加以改进。

针对本年度未完成工作，学院建立动态评估机制，对暂不具备实施条件的调整标准值；对通过努力可能达到的，将其纳入次年督办事项，进入下一轮循环，达到改进目的。开展年度绩效考核，从部门自评、交叉考核、领导评价、群众评价四方面开展年度考核，考核结果分四级，与次年度奖励绩效工资挂钩。建立激励机制，激发师生活力，确保目标达成。

第四节 双引擎驱动

强化质量主体责任，落实质量方针，守住质量底线，建立"全面渗透、全体参与、全员内化"质量文化体系，引领高质量发展。

一、质量文化引擎

（一）在认识层面，全面渗透

学院多次召开各级各类培训和专题研讨会，厘清学院质量管理体系和内部质量保证体系诊改的异同，由书记、院长带头培训职能部门、系部领导、专业带头人和骨干教师，确保认识到位，悟透诊改理念，持续渗透强化全员质量意识，在工作各环节中自觉运用诊改理念和方法。

（二）在行动层面，全体参与

印发《内部质量保证体系建设与运行宣贯手册》和学校、专业、课程、教师、学生五个层面的《诊改工作手册》，并以全员参与平台数据填报和面向全员征集教育质量年度报告意见为突破口，开展全体学生评教活动，聘请第三方开展毕业生培养质量评价，强化过程管控，推动工作落地、落实、落细。

（三）在精神层面，全员内化

学院将办学中凝炼形成的"勤俭持校、严谨治学、负重自强、求实奋进、勇创一流"的"三马"精神和"敬德修业、拓道致通"的校训精神主动融入质量文化建设，以文化引领行动，以行动确保质量。从关爱教师发展和学生成长出发，成立教师发展中心和学生事务服务中心，修订教师职称评审办法、教师聘期考核办法，在制度的制定和执行、考核评价中凸显关爱的质量文化，营造和谐平等、公平竞争、共同发展的质量形成环境，让质量意识内化于心、外化于行。

二、激励机制引擎

在诊改激励上，完善《目标绩效考核管理实施办法》《绩效工资分配方案》，让诊改工作融入常态，确保规划目标及年度目标的达成。制定《高层次人才引进与培养管理办法》《专业（学科）带头人、骨干教师选拔与管理办法》《辅导员职级评定管理办法》《推进领导干部能上能下实施方案》等，激励教师个人自我成长，着力培养一支高水平高素质教师队伍。让部门预算执行情况和公用经费紧密挂钩，建立激励+约束的机制，督促部门加快项目建设，落实项目任务。

（一）建立基于目标考核的奖惩激励机制

紧扣学校发展目标，将年度工作任务具体到部门，细化到月，责任到人。强化过程监控，科学制定考核周期，实施期中、年中、年末考核，并将考核结果运用到职称评审、干部晋升、评优评先等各项工作中，激发内生动力。将职称评聘能上能下、教科研奖励、奖学金评定等制度落到实处。

（二）建立基于先进典型的榜样激励机制

坚持定期开展师德先进、最美教师、优秀教师（辅导员、教育工作者）、先进工作者、岗位能手、教学名师等评选；开展优秀学生、优秀社团等评选。挖掘身边典型，宣传优秀事迹，树立榜样引领的示范标杆，充分调动广大师生的积极性、主动性、能动性。

（三）建立基于自身发展的自我激励机制

教师个人对照教师发展阶段标准，结合自身所处的发展阶段，分别从自身发展、教科研、社会服务、学生工作等维度制定三年发展规划和学期发展计划并付诸实施，以问题为导向开展诊断改进，分析目标达成情况。学生个人围绕专业人才培养目标，从身体心理、科学文化、思想道德和发展性素质等方面制定三年发展规划和学期发展计划并付诸实施，以问题为导向开展诊断改进，分析目标达成情况。同时依托《教师层面诊改手册》《学生层面诊改手册》，实时记录个人发展轨迹，利用学校大数据平台呈现的个人动态画像，实时呈现教师生发展态势，师生自行对照目标找差距，不断激励自己，及时分析不足、学习创新、改进提升。

第五节　平台建设

对照信息化"十三五"专项规划目标，按照"全院一张网、基础一片云、安全一体化、数据一个库、服务一站式、全校一张图"的思路进行统一规划，分布推进学院信息化建设。

一、学院信息化概况

截至 2020 年年初，学院校园网络基本覆盖教学、办公、学生宿舍和老校区家属生活区。有中国移动、CERNET（中国教育与科研计算机网）、交通专网三个出口链路，教学办公区总出口带宽 212 Mbps，其中中国移动 200 Mbps、CERNET 10 Mbps、交通专网 2 Mbps。已部署网络交换设备 301 台，建成专用数据中心机房 1 个，投入运行服务器约 80 台，网络存储空间约 60TB。投入使用多媒体教室 120 间、教学录播室 1 间、室外大屏幕电子显示屏 1 个，建有校园安防监控系统，部署监控摄像头 1000 多个。已建应用系统包括：教务、人事、财务、学生工作管理、网上支付平台、档案管理、科研管理系统、OA、图书馆管理等系统。

前期诊改中，学院已有的业务系统大多是独立存在的，没有统一的数据中心，数据之间的传递需要通过下载穿越、手动填报等半自动方式实现，部分交叉数据的出口不统一，一致性较差。因此，诊改的第一步，是解决建设一个统一的数据中心的问题，下一步则是建设一个诊改平台，分不同层面，通过抽取数据池信息、诊改一表通的填报，对各个层面的诊断指标进行日常监测。

二、学院信息化对诊改的支撑问题

（一）网络基础设施现状及存在问题

学院已经建成覆盖全院范围、为全院师生提供服务的有线网络系统。为在校教师和学生提供了良好的内部环境和畅通的对外联络设施，无线网络基础设施相对较差，网络基础设施主要存在问题如下：

1. 学生宿舍无线网络缺乏统一运维管理及无线调优，上网体验差

无线网络：采用运营商无线网络（电信采用 GPOE 方式、移动采用无线放装 AP 方式），每间学生宿舍都有 2~3 个运营商的无线设备安装，缺乏统一的运维管理及无线调优，导致学生宿舍无线网络干扰严重，学生无线上网体验较差。

2. 教学楼无线网络设备老旧，并发量过低，无法满足教学需要

教学楼及公共区域无线网络：采用运营商的无线 AP，由于所有无线设备安装在教室外走廊，室内的无线网络信号质量较差，无线设备老旧，并发量过低，经常出现掉网及无法连接现象，没有针对不同类

型的场景设计不同类型的无线设备，无法满足现代高等教育中教学及办公场景的无线数据传输需求。

3. 网络架构落后，制约学院可持续发展

现有网络架构为传统的三层网络架构，现网为典型的接入、汇聚和核心组成的二、三层混网结构，网络结构复杂，存在设计不合理、边界不清晰、调整不灵活、管控不彻底等突出问题。在万物互联时代，越来越多的哑终端设备、物联网设备进入学院并投入教学办公业务场景使用，如何对哑终端和物联网设备进行多业务网融合承载也是当下网络架构设计面临的一大挑战。

4. 网络设备老旧，性能低下、功能单一，存在安全隐患

学院现有部分网络设备已经服役多年，随着现网设备超期在网运行，多数设备老化情况越来越严重。部分现有校园网核心设备业务插卡已停产，现网设备因厂家停产后续维护难度巨大，后续出现死机、自动重启等情况概率逐年增大，长期在网超期服役网络设备的稳定性逐年下降，软件功能单一，对 IPv6、SDN 等功能特性支持较差，绝大部分设备安全功能缺失，面临巨大的安全管控风险，亟须对整网设备进行替换升级，保障学院基于网络承载的教学办公业务持续平稳运行。

5. 认证设计不合理，师生认证体验差

现采用 802.1x 认证方式，但目前大部分智能终端对 802.1x 认证方式支持效果较差，绝大部分用户并不愿意在终端上安装认证客户端，导致师生认证体验差。

现有认证流程设计存在不合理之处，在校师生如果要在宿舍区访问学院教学内部资源，存在线路绕行延时大、跨运营商链路访问慢等突出问题。

随着智慧教室、物联网等新兴技术在学院教学中的逐步投入使用，存在大量哑终端设备认证入网难、权限审批难、上网管控难等突出问题，现有 802.1x 认证已不满足学院现有终端认证与管控要求，存在较大管控盲区，面临巨大的管理运维压力。

6. 无线网络建设滞后，制约新兴移动教学办公业务开展

随着近年来学院在教育创新、办公自动化、管理流程规范化等方面建设逐步推进，各个应用平台逐步上线部署并投入使用，数据流量交互加大，无法满足业务移动化开展需要，现有的网络系统难以保障学院办公和教学业务正常开展需要，严重影响学院基于无线网络的移动办公、移动教学业务的开展与相关应用建设进度。

当前，以无线网络为基础载体的校园移动网络建设逐步成为各个高等院校信息化建设重点。学院无线网络建设起步较晚，应该加快信息化建设步伐，对现网网络进行升级改造，以满足无线网络智能融合建设部署要求。

前期运营商参与学院部分无线网络试点建设，但因无线设备选型不合理、网络架构不合理等，无线用户体验极差，基本无法正常接入使用，更无法保障关键教学办公业务顺利开展。

7. 网络相对割裂，管控风险巨大

学院现网由电信承建宿舍网、学院自建的教学办公网、移动试点建设的无线网 3 张网构成，上级教育主管部门及网络安全监管部门对学院信息安全的要求，需对现网结构进行规范化建设。

8. 运营设计不灵活，师生用户无自主选择权限

现有架构不开放，无法满足省通信管理局、教育厅等开放链路公平运营的基本要求，容易存在某家运营商垄断导致师生用户无法自主择优选择等突出问题，不满足校企共建合作运营的高教校园网建设趋势，急需进行改造建设。

随着民营资本投资、运营商 ICT 投资等新兴建设模式兴起，学院后续可能面临引入多家运营商提供的多条出口链路，出口选路需智能感知用户所属运营商，从而保障不同运营商用户使用所属运营商链路访问互联网资源，保障在多运营商出口环境下师生用户获得极致的上网体验的同时实现校企合作，满足校企共同建设联合运营校园网的建设要求。

如何实现智能负载均衡，充分利用带宽提升师生访问体验是本次信息化改造迫切需要解决的问题；为基于用户实名信息的高优先用户或关键教学办公用户业务提供差异化的网络带宽保障，保障关键教学办公业务开展，满足学生用户在不同学习阶段的个性化的网络带宽使用需求。

9. 业务运维与服务流程保障体系欠缺，制约服务水平持续提升

目前学院对网络运维、业务系统运维保障仍然处于人管的阶段，随着业务系统逐年增多，网络设备逐渐老化导致的网络故障终端风险逐年增大，亟须基于全业务的IT资源运维管理系统对现网业务系统进行深度智能监控运维；同时，需要建立部署对应的服务流程管理体系对服务流程进行管控；随着智慧校园建设逐步推进，需要越来越多的业务部门参与学院信息化建设，需要对项目协作建立进行管理与把控体系。

借助现代化运维流程系统对现网运维流程进行梳理和运维体系重构，构建具有学院特色的运维知识平台，依托对全业务资源监控实现智能监控告警，实现运维流程梳理与运维体系再造，利用专业丰富的数据报表统计汇总详细基础运维建设数据，结合大数据分析功能对学院信息化建设进行辅助评估研判和科学决策，保障学院关键教学办公业务平稳开展，助力学院信息化可持续发展，推动学院现代化发展。

（二）教室信息化现状及存在问题

学院除已建设完成的5间智慧教室，其余116间教室均是传统的多媒体教室，主要存在以下问题。

1. 设备老化、维护成本高

教室采用的是长焦投影+升降幕布的传统显示方式，教学设备均已超过保修期数年且投影仪清晰度较低，同时长焦投影固有的安装方式造成大部分设备长时间使用下会产生投影图像偏离，部分升降幕布不能正常升降，存在设备使用成本高、维护困难等问题。

2. 日常考勤准确率差

学校的日常考勤分为教师的教学考勤和学生的上课考勤。教师的

教学考勤目前缺乏有效的管控手段；学生的上课考勤还在沿用传统的人工点名方式，目前一节课45分钟，如上课学生多，仅点名就要约10分钟，占用了较多的教学有效时间。通过传统考勤手段进行点名效率低下，而且存在教师漏点、学生找人代答等风险。

3. 设备连线不规范

教室各种设备间连接不规范，前期逐步增加的教学设备，未严格按照要求施工布线，强弱电较为混杂，影响教室整体美观，而且存在一定的安全隐患。

综上所述，现有的教室教学环境已不能满足四川交通职业技术学院日益增长的教学需求。

（三）数字校园软件现状及存在问题

1. 数字校园软件现状

学院数字校园软件建设情况如下：

（1）建成了统一的校园门户网站和各系（部）网站，可提供基本的信息发布和公共信息资源服务。

（2）建设教学管理信息系统、科研管理系统、人事管理系统、财务管理系统、移动图书馆等业务管理信息系统29个，覆盖所有业务部门，基本满足办公需要和业务管理要求。

（3）建有一卡通系统，实现了身份认证、圈存缴费、刷卡消费、图书借阅、门禁管理等一卡多用功能。

（4）根据数据接口规范，建设130多个数据接口。通过校园网络，可以提供门户网站服务、域名空间服务、认证计费服务、E-mail服务、VPN服务和正版化软件服务等公共基础服务。

2. 数字校园软件存在的问题

已有数字校园软件无法适应教育教学和管理发展需要，只有2个系统（办公自动化系统和易班系统）支持移动应用，无法支撑翻转课堂、MOOC、SPOC、在线教育等新型教学的应用和现代管理的需要。

目前支持移动应用的系统，用户满意度也不高，例如：移动 OA 系统就存在诸如会议室管理、车辆管理模块未能使用，移动办公使用覆盖率太低等问题。

结合相关规范和要求针对数字校园软件使用不同角色进行调研，主要问题如下：

（1）学生和教师。

现有应用重管理轻服务现象严重，为师生提供的信息服务不够全面。业务部门管理信息系统建设过程中主要解决部门内部的流程及管理数据的积累问题，疏忽了领导的决策分析服务、师生的教学服务、生活服务等；同时，不重视业务部门之间的数据共享与交换服务，不能满足学生和教师的实际使用需求。

多重身份和密码体系，多重登录界面，师生使用方便性不够。现有的应用系统各自维护和管理自己的用户信息，用户在访问不同的系统时，不仅需要输入不同的访问网址，而且还需要记忆不同的用户名和密码。同时，多个系统存在多套访问页面，且界面风格各异，用户无法通过终端界面统一获取已有的各类信息及服务，当各类应用新增和更新时也无法获知，给用户的使用带来了极大的不便。

（2）行政办公人员。

缺乏数据标准，业务系统之间数据难以共享，给各部门的协作业务处理带来困难。由于数据缺乏标准，现有的系统无法提供数据交换的功能，当数据需要跨部门使用时，还依赖于手工的传递或通过电子邮件等方式半手工传递。低效率的信息共享方式无法满足各部门及时获取需要的其他部门信息的需求，同时无法进行跨业务部门的业务流程系统建设。

各个业务系统对相同的数据重复管理，效率低下。行政办公人员在多套系统中需要对相同的数据进行重复的管理，浪费人力成本。同时，数据多源头管理、权责不清造成数据混乱和错误，当需要进行数据统计时，需要进行大量的数据校对和整理工作，严重影响了业务人员的工作效率，对上层应用造成了障碍。

（3）信息化管理人员。

缺少统一的技术体系标准及详细的整体建设规划，不利于长期发展。在信息化建设过程中，业务系统由各个部门主导完成，缺少技术及功能的长期规划，主要解决当期的、局部的需求满足，各部门独立建设、独立维护，没有形成统一管理，不利学院信息化的长期发展，造成了严重的资源浪费。

业务系统的开发和维护模式不统一，更新维护困难。学院各应用系统的开发平台、数据库和运行环境千差万别，没有统一规划和建设。随着校园网上应用和资源越来越多，应用缺乏有效的组织和管理，技术升级存在风险，从而也带来业务系统维护成本不断增加的问题。

（4）校领导。

已有数据质量差，给全局性的数据统计与查询造成障碍。对同一个数据，由于重复录入、录入时的差错和统计标准不统一，由不同的系统提供产生不同的结果，各个系统提供的统计数据不完全一致，数据质量低下，使得学院无法通过现有的系统获取学院真实的全局统计数据，例如学生生源情况、学费缴纳情况、全院教职工比例情况、各部门科研经费情况等。

对历史数据的收集、整理和保存工作做得不够，无法协助指导学院领导进行科学的决策。目前学院使用的大多数软件局限于查询、统计、打印报表等事务性处理，具有辅助决策分析功能的不多。学院在办学过程中积累了大量的原始数据，这些原始数据亟须按主题进行收集整理，构建数据仓库系统加以充分利用，获取例如学院资产变化情况、学生就业率、各专业课程数量变化、历史对照分析等主题的数据分析结果，现有数据无法辅助校领导进行科学决策。

三、问题改进情况

2018年年初，以内部质量保证体系的诊断与改进为契机，学院对智慧校园建设面临的问题进行了系统梳理。经过几年的建设，学院网络和信息化的基础设施不断完善，网络服务能力全面提升；网络应用不断扩展，信息服务能力稳步提高；教育资源不断丰富，教学服务能力逐步增强；服务环境不断改善，安全防范能力明显加强。经过多年的建设，信息化在学院教学、科研、管理和服务工作中发挥了重要作用。原有的各种独立的部门级应用系统或部分单位开发的满足部门或学院需求的应用系统基本实现数据的统一应用与管理，提高了部门的管理水平和能力。基于此，学院信息中心对学院的网络基础设施、教室信息化、数字校园软件等情况进行了改进。本部分主要介绍与诊改相关的数字校园软件改进情况。

（一）改进思路

综合分析学院现状及发展需求，站在学院全局的角度总体规划，通过对核心业务流程进行梳理优化，对全院业务流程进行完整设计。围绕"高效管理、多样服务、开放融合"的核心理念展开，为各业务部门提供统一的工作平台进行业务管理，为师生提供一站式信息服务，为校领导提供决策所需的准确的信息和统计数据。

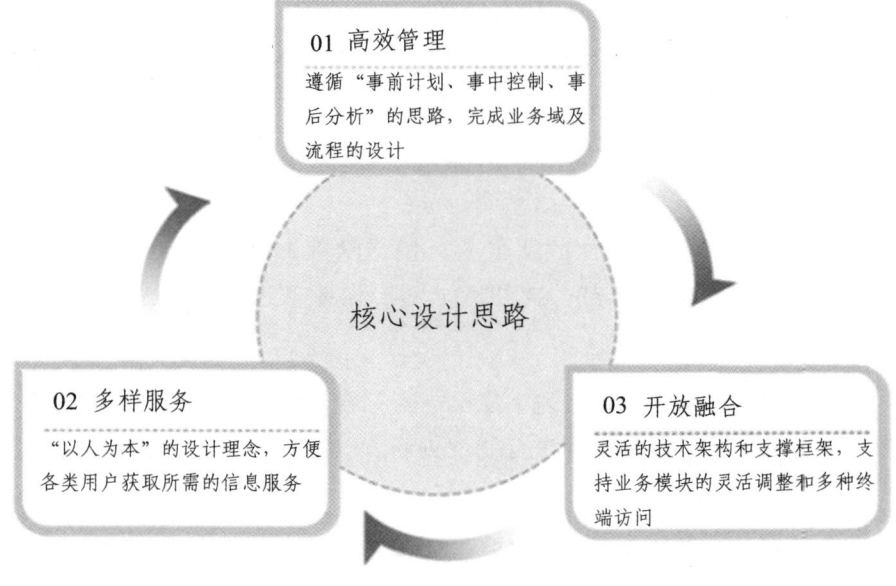

图 2-10　设计思路

1. 高效管理

立足学院全局业务模式，建设全院整体业务管理运营平台，实现全院层面数据与资源的整合与共享；按照跨部门的业务域和业务流程来设计功能模块，满足院校提高管理效率的需求；遵从"事前计划、事中控制和事后分析"的设计思路，实现在线的业务协同、过程监控、统计分析。

2. 多样服务

"以人为本"的设计理念，"全面化、多样化、多手段、主动式、一站式、多终端"的服务设计，让各类用户各取所需，能够方便地获取各类信息服务。

3. 开放融合

通过灵活的技术架构和支撑框架，支持上层业务模块的灵活调整和多种终端访问，接入终端包括PC、平板电脑和手机等。

（二）改进目标

实现软件的"统一管理、统一配置、统一应用和统一服务"的目标，覆盖应用软件平台的所有应用主体，包括学生、教师、院系领导、校领导、合作学院及校外人员等，具体目标如下。

1. 综合的服务

提供面向师生的综合信息服务，使得学院内师生能快速、准确地获取、捕捉校园中人、财、物和产、学、训业务过程的信息和服务。

2. 优化的管理

管理改进和业务流程再造，建设一套符合学院特色的信息资源整合、共享与应用标准，作为学院进行制度创新、管理创新的重要内容之一。

3. 资源的共享

通过各个应用系统的紧密联结，实现学院内的资源共享、信息共享、信息传递和信息服务，从而提高学院教学质量、实训水平和管理水平。

4. 科学的决策

利用智能化的综合数据分析，为学院各种决策提供最基础的数据支撑，实现科学决策。

（三）总体架构

1. 统一数据集成中心

提供专业的数据交换工具，按照学院统一的信息标准，把各个业务系统的数据资源（包括业务数据、机器数据、互联网数据等）采集、清洗、转换、加载到数据共享平台的数据中心库，形成全院共享的权威的数据源，为学院的流程服务和数据应用服务提供统一的数据基础，同时提供人工数据填报功能对采集数据进行完善和补充，数据集成范围包括但不限于以下系统的清洗：教务系统、人事系统、财务系统、学工系统、档案管理系统、科研管理系统、一卡通系统、办公管理系统、图书馆管理系统等。

2. 统一数据管理中心

搭建一个面向应用、安全可靠、操作便捷、技术先进、规范统一、灵活可扩展的公共数据平台，实现信息资源共享、集成和应用。作为基础数据的公共数据平台，将各个独立应用系统的基本数据进行集中整理和统一管理，保证数据的权威性和准确性，为各个应用系统和各类服务系统提供数据支持。

参照全量信息标准建立学院主数据库，从主数据库抽象映射出一系列的常用数据库视图，如教职工基本信息、学生基本信息、部门信息等，从而构建出一个面向应用系统的学院共享主数据库，为用户提供一站式数据共享服务。元数据平台主要完成资源定义、资源关联与分析，包括元模型、元数据采集、分析等。

同时，建设数据 API 管理平台和数据质量管理平台，实现数据的绝对质量管理、过程质量管理、数据 API 授权监控和管理等功能。

3. 统一应用中心

统一身份认证平台实现校园网内的统一用户身份认证和权限控制体系，利用目录服务，对用户身份信息和系统控制信息进行有效组织管理，提供高效安全的目录访问，为数字化校园的各应用系统提供统一身份认证和权限控制的支持。

统一消息中心通过全方位信息推送手段，为高校学生和教师提供快捷、方便的信息发布和接受服务，覆盖现有主流终端，包括手机短信、电子邮箱、微信、IM 即时通讯、各类 APP 等。一站式办事大厅将校内分散、异构的应用和信息资源进行整合，通过统一的访问入口，实现各种应用系统的无缝接入和集成，并根据每个用户的特点、喜好和角色的不同呈现个性化的访问界面。为学院各类事务的办理服务，醒目地显示用户的服务办理项，如待办任务、已办任务、办理中任务、服务评价，方便用户处理相关事务，并分门别类地展示提供的所有服务，主要包括消息服务、学生业务、教师服务、领导服务、数据服务等，提供服务的介绍和使用，以及个人数据的统计、使用足迹分析等功能。

移动校园拓展学院信息资源访问的移动渠道，开发适合移动终端使用的移动 APP，推动学院办公、学习、生活的移动化，为师生提供无处不在的个性化服务。

教学诊断和改进系统在学院、专业、课程、师资、学生等不同层面建立起完整且相对独立的质量目标、质量标准、质量制度，并形成教学工作诊断改进工作机制，推进学院内部质量保证体系的诊断与改进，保障人才培养质量不断提升。

迎新系统为新生提供方便、高效、一体化的入学报到环境，加强参加迎新的各个部门之间的信息流通和工作配合，新生信息能够及时、准确更新，从而提高学校各相关部门工作效率，形成的新生数据资料将作为学籍管理以及学校其他管理系统的基本数据来源。

离校管理系统操作灵活便捷、功能强大完备、结构合理开放，支持学生离校所需要办理的相关业务进行管理和网上申办，支持部门管理者在网上直接对学生的离校工作进行审核和统计。

4. 大数据分析

大数据管理平台负责对采集的数据进行存储、治理、分析、建模、计算及可视化发布，实现校内结构化数据、半结构化数据、非结构化数据的采集、清洗、集中存储和统一管理，并提供数据挖掘分析工具和算法工具库等，提供 BI 可视化数据分析工具。

（四）统一数据集成中心

1. 数据填报平台

提供校园数据统一的数据填报入口，保证学院信息化数据的全面性，针对没有售后、无法维护、无法对接的系统，通过提供数据填报等辅助相关功能模块，为数据交换平台的自动数据采集提供补充和完善，支撑未来学院校情数据的分析和使用。

2. 数据交换平台

对现有应用系统进行详细调研，分析出应用系统数据库进行数据抽取和订阅时采用的方案，从业务应用系统数据库中抽取数据到主数据管理平台构建数据交换的系统框架，按照全院已制定统一的数据采集、维护、交换的技术规范和标准，实现学院信息资源的交换共享、信息集成管理和信息资源的充分利用，明确各种数据的权威性和维护责任，使相同的数据在整个学院系统内只有一个权威值、一处维护部门。

具体而言，数据交换平台的建设要求达到以下功能：为各应用系统之间提供一个统一的数据交换通道，使数据交换更加准确、便捷、高效、畅通；为公共数据平台提供一个可靠的数据采集通道。

（五）统一数据管理中心

1. 信息标准和管理系统建设

信息标准是信息在采集、处理、交换、用户访问、传输过程中的统一规范，是实现学校信息资源共享和信息系统得到协同发展的基础。根据学院的具体情况和实际需求，建立一套科学、实用、完善，并具有很强的兼容性、开放性和可管理性的信息化标准体系和规范，提供灵活调整信息标准的管理和维护工具。

具体目标如下：明确和建立统一规范的信息标准；对数据进行全面可靠的整合，建立公共数据中心，实现应用系统之间的数据交换和数据共享；具有良好的系统扩展性，满足日益增长的业务需求；提供性能卓越的数据管理工具，降低系统维护人员的工作难度；提升存储数据的质量，保障数据的有效积累沉淀。

2. 数据管理平台

支撑全量业务数据的清洗、存储、治理、应用，实现资源定义、资源关联与分析，实现对数据整体关系进行梳理，对数据描述进行规范。主要目标如下：学院的所有数据资源都能够在数据上得到定义，提供统一的数据定义，形成企业级知识传承平台；所有数据的来源和去向一目了然，提供完整、全局的学院数据资源地图，支持数据资源的组织管理，达到信息共享；分析数据的更改及产生的影响；帮助技术人员了解 IT 系统内部及系统间的数据关系；为提高数据质量提供标准定义、约束规则；帮助业务人员理解业务数据，增加数据可信度。

3. 数据 API 管理平台

公共数据平台和应用集成开发平台的中间层，一方面通过数据库接口（如 API）对外提供统一的数据服务接口；另一方面向下提供整套数据集成的标准化实施方案、集成过程监控体系以及可扩展的标准数据模式。实现开发者接口申请、接口管理、接口调用测试全过程管理；实现接口调用工具、管理中心、后台监控、接口管理、接口运维监控等功能；提供数据资产的相关规范及学院可用于共享展示的数据字典信息，业务数据按照系统数据分类及业务域分类信息展示，通过全局搜索查看所需数据，同时通过业务属性配置展示数据的详细信息，包括数据来源、数据集成时间、数据量情况、数据共享属性等信息，公示数据支持在线收录及下载。

4. 数据质量管理平台

数据质量管理平台包含对数据的绝对质量管理、过程质量管理。

绝对质量即数据的真实性、完备性、自治性,它是数据本身应具有的属性。过程质量即使用质量、存储质量和传输质量,其中,数据的使用质量是指数据被正确地使用,数据的存储质量指数据被安全地存储在适当的介质上,数据的传输质量是指数据在传输过程中的效率和正确性。

通过数据质量管理平台建立和支撑基于数据指标、质量检核、问题发现和监控的完善数据治理体系,从事前、事中和事后等各个环节规避、发现和解决数据问题,保证数据应用无后顾之忧。通过从数据的自助查找、开发、共享和交换,建立数据共享通道,实现数据的开放应用。数据治理的目标是把数据管起来、用起来,并且使用的数据是有保证的,主要功能包括元数据自动采集和关联、数据质量的探查和提升、数据的自助服务和智能应用等。

(六)统一应用中心

1. 统一身份认证平台

为学院内所有应用系统提供统一的身份管理、认证服务和权限管理,减少应用系统开发的不一致性,降低开发成本和风险,实现对人员、权限、认证的统一管理,减少人员变化、系统扩展带来的管理复杂度。统一身份认证平台以目录服务和认证服务为基础,统一用户管理、授权管理和身份认证体系,将组织信息、用户信息等进行统一存储、分级授权和集中身份认证,规范应用系统的用户认证方式,提高应用系统的安全性和用户使用的方便性,实现全部应用的单点登录。

2. 一站式服务大厅

为用户提供高体验的服务触达通道,用户可以从 PC、移动、自助终端、智能设备等多种终端上获取和使用各类校内外服务内容,所有终端的事件流和消息流都由统一的后台管理进行管控,保证其一致性和及时性。一站式服务大厅有助于提高工作效率及事情办理的质量与效率,规范的事务流程管理平台能够满足用户实时调整流程的需求。在事务的申请或任务发布之后,对任务处理结果及处理过程的查看与跟踪，包括事务处理过程消息的提醒与通知，方便事务发布者及执行者实时关注事情或任务的进程，全面提高事务办理效率，并对事务交付或办理的结果进行管理与评价，从而提高整个团队的办事能力，提升用户的管理水平。

3. 统一消息中心

集数据整合、Portal、WAP、手机 SIM、WebService、IM、信息安全、计算机通信集成、计算机网络等多项技术于一体，通过全方位信息推送手段，为学院学生、教师管理者提供全方位的信息服务。主要围绕以下方面改进：定义维护统一的消息标准（标准包括消息类型、内容、发布方式、发布者等）；定义维护统一的消息处理接口，采用被动集成模式供各应用系统调用，对调用接口的应用进行必要的权限与内容管理，使得消息的统一是安全的、可控的；为用户提供一致的消息访问服务，用户可在办公桌面系统中访问所有应用向其发送的消息，无论是通过手机、邮件还是网页访问到的消息内容和状态都是一致的；集中全院共享的消息发布渠道，将短信群发、邮件群发、WAP 访问等服务统一，为学院用户提供一个通知、提醒等各类消息的推送平台，避免各应用系统重复建设。

4. 移动校园平台

围绕智慧课表、课堂辅助、集成 OA、学生工作等多个校园学习和生活场景，为师生用户提供各类移动服务、数据分析报告及智能推荐等功能。涵盖来自 PC 端至移动端的消息聚合、业务处理、数据服务等，极大简化传统门户的浏览方式与处理方式，对教学与生活形成独有的"微"创新。对于师生，一方面使之更加全面、细致地了解个人相关行为，另一方面通过大数据智能推荐能够提高生活和学习效率；对于院校管理者，根据统计数据分析挖掘形成的领导管理报告，及时掌握整体情况并有效辅助决策。

5. 教学诊断与改进平台

该平台主要用于部分个性化诊改数据的采集。平台主要面向以下三方面进行改进。

（1）完善内部质量保证体系。

以诊断与改进为手段，促使职业院校在学校、专业、课程、教师、学生不同层面建立起完整且相对独立的自我质量保证机制，强化学校各层级管理系统间的质量依存关系，形成全要素网络化的内部质量保证体系。

（2）提升教育教学管理信息化水平。

强化人才培养工作状态数据在诊改工作中的基础作用，促进院校进一步加强人才培养工作状态数据管理系统的建设与应用，完善预警功能，提升学校教学运行管理信息化水平，为教育行政部门决策提供参考。

（3）树立现代质量文化。

通过开展内部质量保证体系诊改，引导学校提升质量意识，建立完善质量标准体系，不断提升标准内涵，促进全员全过程全方位育人。

6. 迎新管理系统

为新生提供方便、高效、一体化的入学报到环境，加强参加迎新的各个部门之间的信息流通和工作配合，新生信息能够及时、准确更新，从而提高学校各相关部门工作效率，所形成的新生数据资料，将作为学籍管理以及学校其他管理系统的基本数据来源。

7. 离校管理系统

为学校提供定制化的毕业生离校流程，结合教务处、图书馆、后勤处、学工处、保卫处等多部门的信息化数据，实现毕业生离校信息化、电子化，并提供全面智能的统计分析数据。

（七）大数据平台

提供数据挖掘分析工具和算法工具库，完成数据存储检索和实时分析计算，对校园综合预警和教学大数据进行专题分析和展现，实现校园大数据的安全运行和统一管理。

大数据平台的数据来源主要依靠校内系统对接、智能填报系统录入、硬件设备采集及互联网数据爬取，大数据管理平台负责对采集的数据进行存储、治理、分析、建模、计算及可视化发布。可从学院已有的业务系统数据，如人事系统、教务系统、科研系统、财务系统、网络教学系统、办公 OA、学工系统、一卡通、顶岗实习系统、教学资源系统、邮件系统、工资系统、图书管理系统等当中抽取数据。利用大数据平台对以上数据进行采集、清洗、治理、存储并用于质量保证平台分析和应用。

　　同时，结合国家战略和高校安全的管理需求，借助大数据的技术手段和力量，通过日志分析对校园服务对象的海量数据进行分析，对服务对象的思想和行为动态及时进行了解，对于严重行为可进行智能化的预警提醒，包括安全预警、学业预警等，并能标注预警等级，支撑校方快捷直观地了解服务对象动向和行为趋势。

第三章

引擎驱动设计

第一节　打造特色质量文化

学院落实立德树人根本任务,通过挖掘学院精神、凝练校训、营造育人环境、开展文化浸润活动、创建文明校园,厚植交通职教文化底蕴,锻造特色鲜明的现代质量文化,促进诊改质量提升。

一、凝聚质量内涵特色,提升现代质量文化理念

学校坚持依托交通行业办学,突出交通特色育人,紧紧围绕全面提升人才培养质量这一目标,完善"五纵五横一平台,质量文化纵横贯穿"的内部质量保证体系,构建全员、全过程、全方位的"三全"育人格局。通过凝聚师生质量共识,构筑质量精神文化高地。学院自1952年建校以来,五易校名、四迁校址,历经了"成马""白马""金马"三个发展时期,由"成都创办—'文革'停办—眉山白马乡恢复办学—迁址金马温江—独立升格高职—教育部教学质量水平评估优秀—建成国家示范高职—建成全国优质高职院校"一路走来,学院抢抓机遇、迎难而上,教职工辛勤耕耘、默默奉献,克服了办学过程中诸多艰难险阻,在交通职业教育热土上努力奋斗,铸就了"三马精神",并用"勤俭持校、严谨治学、负重自强、求实奋进、勇创一流"二十个字诠释了"三马精神"的基本内核。

通过完善"五纵五横一平台,质量文化纵横贯穿"内部质量保证体系,构建全员、全过程、全方位的"三全"育人格局,形成突出质

量内涵和交通特色的大学精神理念体系，即："敬德修业 拓道致通"的校训，"德才兼备，知行合一；教学相长，青胜于蓝"的校风，"爱岗敬业，严谨治学；循循善诱，诲人不倦"的教风和"身体力行，孜孜不倦；学而不厌，勤于钻研"的学风。确立"师生为本、发展为纲要，持续改进、追求卓越"的质量方针，形成鲜明的办学特色和现代质量文化理念。

二、丰富文化宣传阵地，营造现代质量文化氛围

打造线上线下交通特色环境，"物化"质量文化内涵。充分吸纳交通质量文化元素，着力打造质量物质文化氛围，通过命名校园楼宇、道路、园景，将校园的一标一识、一景一物、一墙一壁都打造成为质量文化的宣传阵地。

为深度挖掘校园文化底蕴，充分发挥环境育人的作用，2012年，对校园楼宇、道路进行了统一命名。楼宇以"德""学""行"命名，行政楼命名关键词为"德"（明德楼），理论学习教学楼命名关键词为"学"（劝学楼、励学楼、厚学楼），实训楼命名关键词为"行"（思行楼、笃行楼、践行楼、力行楼等），体现学院知行合一、为学重实践的职教特色。校园道路以交通建设古今名人和国内著名道路命名（郑和路、以升路、沪嘉路、川陕路、成渝路等），体现了对筑路先辈们深刻的敬意以及对道路建成的纪念之情。交通行业"人在路上，路在心上"的特质和交通人"逢山开路、遇水架桥"的精神在校园内得以充分物化。

教学实训船命名鱼凫号，源自鱼凫氏是古蜀国五代蜀王中继蚕丛、柏灌之后的第三个氏族，建都今温江区。鱼凫号旁的人工湖与校园中轴线的景观大道，外形酷似墨汁和毛笔，援引元代著名文学家姚燧名句"墨磨北海乌龙角，笔蘸南山紫兔毫"，景观大道名为紫毫大道。人工湖常年水色碧绿，大看如墨，名为砚池。砚池旁的圆形下沉广场形似砚台，名为风华广场，取自毛泽东的名句"恰同学少年，风华正茂"。这些富有蕴意的园景命名，充分彰显了学院文化育人特性。

在紫毫大道的中心，矗立着三匹骏马向上腾跃的三马雕塑。雕塑两侧镌刻着"勤俭持校、严谨治学、负重自强、求实奋进、勇创一流"的二十字"三马"精神。三马雕塑旁，修建了两扇书简墙，其上镌刻的是老校长罗世勋为学院45周年校庆撰写的《三马赞》和老书记邓泽功撰写的《四川交院赋》，引经据典充分展示学院发展历程及办学理念，朗朗上口易于师生阅读记忆，潜移默化中传承弘扬学院精神。

同时，建成川藏公路博物馆，传承"两路"精神。2020年年初，四川省交通运输厅党组决定在学院建设川藏公路博物馆，选址厚学楼一楼。经过近半年的建设，2020年6月29日，川藏博物馆开馆，博物馆设计和展示紧扣"两路"精神主题，馆前"路魂"雕塑矗立，代表着在川藏公路修建中开山劈石、修路架桥、出生入死、奋勇拼搏的十多万筑路大军，也象征着军民团结、汉藏一家的民族友谊。馆为，分为序厅、历史抉择、天路长歌、薪火相传、尾厅、文创区6个部分，收藏了川藏公路建设70多年以来的新老照片、筑路工具、生活用品、相关报纸、书籍、画报、徽章、旗帜等，全景展示川藏公路艰苦卓绝的建设过程，体现"两路"精神历久弥新的隽永内涵和穿越时空的时代价值。学院以建设和运营川藏公路博物馆为契机，充分发挥博物馆育人作用，积极传承弘扬"两路"精神红色基因，让"两路"精神深植于师生之心，实践于师生之行。

通过丰富的物质载体建设，突出反映有形质量文化因素，构建彰显学院特有的质量育人品位、优良传统和价值观念的质量物质文化氛围，使学生不出校门，在耳濡目染、潜移默化中感受具有浓厚交通特色的办学理念、价值追求、工作作风和精神风貌等有形质量文化元素，为学生矢志成为交通工匠提供了鲜活的文化滋养。

三、规范质量主体行为，助推现代质量文化形成

着力推进文化与信息技术融合，规范各层面质量主体行为，强化质量生成。学校、专业、课程、教师和学生五个层面发展标准明确，质控点清晰；各部门岗位工作职责具体，质量要求明确，各项工作开

展有标可循，工作推进有据可依。学院大数据管理平台通过一站式访问、个性化展示和移动式查询等功能，反映各层面的发展状况和各部门工作开展情况，决策因数据而定，过程因数据而改，成效因数据而立。对学校、专业、课程、教师和学生五个层面进行立体化画像，发展状态可视化，优势、缺点一目了然，各责任主体主动制定改进措施，不断改进提升。

四、挖掘育人质量特色，打造现代质量文化品牌

在师生中树立质量标杆，专业层面开展分梯队、有层次的优质专业评选；课程层面开展金课、精品在线开放课、课程思政示范课等优质课程评选；教师层面开展教学能手、教学名师、骨干教师、教学创新团队评选；学生层面开展优秀学生、优秀学生干部评选等，强化师生员工向先进看齐、争创一流的意识。同时，各二级教学单位结合自身专业主要面向行业和办学特点，凝练各具特色的质量文化，如汽车工程系"敦品励学、笃志卓越"，机电工程系"明德、博爱、弘毅、强技"，信息工程系"虚心学习、勤奋做事、踏实做人"等。在国家"双高"项目申报中，学院道路桥梁工程技术专业群通过将"一不怕苦二不怕死"的"两路"精神融入人才培养全过程，打造出特色鲜明的四川交通育人文化品牌，成功获批全国高水平专业群建设单位A档立项。

总体来看，在诊改中，通过不断增强文化建设，质量主体的诊改自主性得到明显提高，常态化自主保证人才培养质量机制不断完善，质量意识深入人心，全院师生的满意度、获得感和幸福感大幅提升。

第二节　完善诊改激励机制

在诊改激励上，完善《目标绩效考核管理实施办法》《绩效工资分配方案》，让诊改工作融入常态，确保规划目标及年度目标的达成。制定《高层次人才引进与培养管理办法》《专业（学科）带头人、骨干教

师选拔与管理办法》《辅导员职级评定管理办法》《推进领导干部能上能下实施方案》等，激励教师个人自我成长，着力培养一支高水平高素质教师队伍。让部门预算执行情况和公用经费紧密挂钩，建立激励+约束的机制，督促部门加快项目建设，落实项目任务。

一、体现诊改要求的目标绩效激励机制

（一）学院目标绩效考核管理办法

为进一步加强学院二级管理，建立有效的激励竞争机制，引导学院各部门切实履行自身工作职责，提升工作效能，学院制定了目标绩效考核办法。

1. 考核原则

客观公正、实事求是；注重结果、过程督查；激励先进、促进发展。

2. 考核对象

学院各部门。

3. 考核指标及分值

以 2019 年为例，学院的绩效目标考核主要指标、对象、分值主要如表 3-1 所示。

表 3-1 学院绩效目标考核主要指标、对象与分值

考核指标	部门	
	机关（处）室	教学系（部）
党建工作	15 分	15 分
常规工作	35 分	35 分
重点工作	40 分	100 分
质管体系建设及诊改工作	10 分	20 分
服务质量	10 分	10 分
总分	110 分	180 分

注：另设减分项目

4. 组织领导

学院成立目标管理绩效考核工作领导小组（以下简称领导小组），对考核工作进行统一领导。组长由学院党委书记、院长担任；副组长、成员由学院领导组成。领导小组下设办公室，办公室设在党委行政办公室，负责考核的事务性工作。

5. 考核方式

按"机关（处）室（分为综合管理类、服务保障类）、教学系（部）、资产经营公司"三类实施分级、分类、分项考核。具体如下。

（1）部门自查。

各部门根据目标管理绩效考核指标内容，结合自身工作完成情况进行自评。

（2）部门党建工作。

采用院领导考评与考核小组考评相结合的方式进行评分，考核小组由党委行政办公室、纪委办公室（监审处）、组织人事处、宣传统战部等部门组成，按照党建工作责任制考核指标体系进行考核（附件1）。院领导评价结果占考核的30%，考核小组评价结果占考核的70%。考核小组对部门党建工作实施过程考核，进行季度评分，待每季度结束后将评分情况（主要统计扣分情况）报送至党委行政办公室汇总，由党委行政办公室负责通报。

党建工作考核中，产教融合中心和科研处合并考核，创新创业学院和团委合并考核。

（3）部门常规工作。

采用院领导考评与考核小组考评相结合的方式进行评分。考核小组由党委行政办公室（含优建办）、宣传统战部、计划财务处（国资处）、保卫处、现教中心等部门组成，对行政效能、档案管理、扶贫工作、意识形态、财务资产管理、安全综治、信息化建设进行考核（附件1）。院领导评价结果占考核的30%，考核小组评价结果占考核的70%。考核小组对部门常规工作实施过程考核，进行季度评分，待每季度结束后将评分情况（主要统计扣分情况）报送至党委行政办公室汇总，由党委行政办公室负责通报。

（4）部门重点工作。

机关处（室）重点工作采用院领导考评与部门交叉互评相结合的方式进行评分，院领导评价结果占考核的30%，部门交叉互评结果占考核的70%（定量结果50%，定性结果20%）。重点工作结合学院年度党委行政重点任务分解方案拟定，根据难易程度分值设定共40分，原则上均为6项（每项分值设定不低于6分、不高于10分），要求定量指标为主，定性指标为辅，便于观测评价（附件2）。

教学（系）部重点工作采用院领导考评、归口管理综合部门考评与部门交叉互评相结合的方式进行评分，院领导评价结果占考核的30%，归口管理综合部门评价结果占考核的50%，部门交叉互评结果占考核的20%。重点工作任务根据学院年度党委行政工作要点及归口管理综合部门制定的考核办法拟定，根据难易程度分值设定共100分。

各部门交叉互评采用集中统一互评的方式进行。对机关（处）室定量考核按职能分工、分类别进行，考核方式通过查阅部门自查报告由考核组考评完成，考核组由机关（处）室主要负责人组成（评分采取实名制，本部门人员不参与本部门评分）。评分等级分为A、B、C、D四个等级，分别对应一定比例的分值，评分等级标准见附件3。对机关（处）室定性互评由党委行政办公室牵头，通过部门负责人对重点工作进行年度汇报完成，互评考核组由机关（处）室正科级及以上干部，教学（系）部主任、党总支书记组成，根据部门负责人汇报答辩情况进行评分（评分采取实名制，本部门人员不参与本部门评分）。对教学系（部）交叉互评由教务处牵头实施考核。

（5）质管体系建设及诊改工作。

专项考核采用院领导考评与归口管理综合部门考评相结合的方式进行评分。归口管理综合部门质量管理办公室、教务处制定考核办法，根据办法实施考核。院领导评价结果占考核的30%，归口管理综合部门评价结果占考核的70%。归口管理综合部门对部门质管体系建设及诊改工作实施过程考核，进行季度评分，待每季度结束后将评分情况（主要统计扣分情况）报送至党委行政办公室汇总，由党委行政办公室负责通报。

（6）服务质量。

采用调查问卷的方式进行网络评分。在规定时间段由领导小组办公室牵头，工会办公室、学生工作部负责，组织学院教职工代表、学生代表、离退休教职工代表，在网络上开通对二级部门服务意识、服务能力、服务成效等服务质量的问卷测评，测评对象在部门的服务对象中选定。工会办公室、科教研发中心、国际部、产教融合中心等未直接面向学生提供服务的职能部门服务质量测评，院领导评价结果占考核的30%，教职工代表评价结果占70%。纪委办公室（监审处）服务质量测评，驻厅纪检监察组评价结果占考核的40%，院领导评价结果占考核的30%，教职工代表评价结果占考核的30%。其他部门的服务质量测评，院领导评价结果占考核的30%，教职工代表占30%，学生代表占40%。

（7）减分项目分值评定。

由考核领导小组，根据部门在督办事项、安全生产工作、廉政工作、信访工作等方面的情况按照减分项目评价指标体系（附件7）进行减分。减分项目实行季度通报制，实施扣分部门待每季度结束后将扣分情况报送至党委行政办公室汇总，由党委行政办公室负责通报。

（8）资产经营公司目标考核办法。

采用院领导考评和经营性资产管理委员会考评相结合的方式进行评分。资产经营公司由经营性资产管理委员会组织考核。院领导评价结果占考核的30%，经营性资产管理委员会评价结果占考核的70%。

（9）重点工作项目调整申请。

重点工作项目原则上不予调整。如遇非自身原因（如项目未获上级批准、经费未到位、政策变动等）未完成需撤销的，或在实际工作过程中临时产生且对学院发展有突出贡献和重要影响力的重大事项，可纳入部门重点工作项目范畴的，须在考评时间前，逐级向分管院领导、院长提交《重点工作项目调整申请表》及项目工作详细方案,经院领导签字同意后报领导小组办公室审查评分。(申请表格详见附件8)

(10)考核结果确认。

各牵头考核部门依据考核办法及季度评分情况确定被考核部门分值,并将考核结果反馈给被考核部门。

为保证目标管理绩效考核的科学性、严肃性,各牵头考核部门将分值汇总报送至目标管理绩效考核办公室后,原则上不做调整。

6. 考核等次确定

机关处(室)、系(部)以考核分数从高到低分类,可分为A、B、C、D四个等级排名。

(1)综合管理类部门(党委行政办公室(含优建办)、纪委办公室(监审处)、宣传统战部、组织人事处、学生工作部、教务处、招生就业处、成教部、科教研发中心、产教融合发展中心)考核分数从高到低分为A级(2个)、B级(3个)、C级(3个)、D级(2个);

(2)服务保障类部门(计划财务处(国资处)、后勤(基建)处、保卫处、国际部、现教中心、图书馆、工会办公室、团委、创新创业学院)考核分数从高到低分为A级(2个)、B级(3个)、C级(2个)、D级(2个);

(3)系部考核分数从高到低分为A级(2个)、B级(4个)、C级(4个)、D级(2个)。

(4)资产经营公司考核等次按《院属国有企业目标绩效考核办法》确定。

7. 考核结果使用

(1)考核结果与当年年终目标绩效考核个人奖励挂钩;

(2)考核结果作为评价部门班子年度工作的重要依据。

附件：
1. 各部门党的建设及常规工作考核指标
2. 机关处（室）重点工作项目样表
3. 重点工作项目评分等级标准
4. 教学系部重点工作项目评价指标体系
5. 公共课教学部重点工作项目评价指标体系
6. 马克思主义学院重点工作项目评价指标体系
7. 减分项目评价指标体系
8. 重点工作项目调整申请表

四川交通职业技术学院
2019 年 5 月 22 日

附件1：

各部门党的建设及常规工作考核指标

项目	考核内容及分值	考核单位
党建工作（15分）	党建工作责任制考核评价体系各项指标	党委行政办公室、纪委办公室、组织人事处、宣传统战部
常规工作（35分）	1.行政效能（6分）	党委行政办公室、优建办
	2.档案管理（6分）	党委行政办公室
	3.扶贫工作（4分）	党委行政办公室
	4.意识形态（3分）	宣传统战部
	5.财务资产管理（7分）	计划财务处（国有资产管理处）
	6.安全综治（6分）	保卫处
	7.信息化建设（3分）	现教中心

附件 2：

机关处（室）重点工作项目样表　　　（总分：40 分）

项目	考评内容及主要指标	分值 （每项分值设定不低于 6 分、不高于 10 分）	评分
1	……		考核小组
2	……		
3	……		
4	……		
5	……		
6	……		

部门负责人签字（盖章）：　　　　　　　分管院领导签字：

附件3：

重点工作项目评分等级标准

评分情况	参考标准	得分比例
A	满足以下考核条件：各项指标全部完成或超额完成；工作事项任务繁重，实施难度大；计划性强，策划周密，措施得力，过程管理到位，工作效率高；相关材料整理规范，能全面反映工作过程；总体反响好	100%
B	有以下情况：工作事项任务较重，实施难度较大；计划性强，方式方法恰当，过程推进较顺利，无明显失误；相关材料整理较规范，较好地反映工作过程；总体反响较好	80%
C	有以下情况：各项指标综合完成率低于80%，高于60%（包含60%）；工作过程推进有延误，无明显失误；相关材料整理不全；总体反响一般	60%
D	有以下情况：各项指标综合完成率低于60%；工作事项有计划，过程管理缺失，有明显工作失误（包括责任事故），总体反响较差；工作未实施或无结果，且未完成撤销项目申请	0

附件 4：

教学系部重点工作项目评价指标体系

类别	教学系部		
项目	考核内容及分值	考核单位	备注
重点工作（100分）	1.教学工作（32分）	教务处	考核单位即为考核办法制定单位
	2.学生管理工作（20分）	学工部、团委	
	3.科教研工作（12分）	科教研中心	
	4.师资队伍建设（9分）	组织人事处	
	5.就业工作（9分）	招生就业处	
	6.继续教育工作（5分）	成教部	
	7.创新创业工作（5分）	创新创业学院	
	8.产教融合工作（5分）	产教融合中心	
	9.国际合作（3分）	国际部	

附件 5：

公共课教学部重点工作项目评价指标体系

类别	公共课教学部		
项目	考核内容及分值	考核单位	备注
重点工作（100分）	1.教学工作（32分）	教务处	考核单位即为考核办法制定单位
	2.科教研工作（12分）	科教研中心	
	3.师资队伍建设（15分）	组织人事处	
	4.阳光体育运动（15分）	学工部、教务处	
	5.学生文化素质教育活动（16分）	学工部	
	6.大学生体质健康测试（10分）	学工部	

附件 6：

马克思主义学院重点工作项目评价指标体系

类别	思政课教学部		
项目	考核内容及分值	考核单位	备注
重点工作（100分）	1.教学工作（32分）	教务处	考核单位即为考核办法制定单位
	2.科教研工作（12分）	科教研中心	
	3.师资队伍建设（15分）	组织人事处	
	4.思政课建设联盟工作（15分）	学工部、教务处	
	5.青年思想政治教育（18分）	团委	
	6.书记论坛工作（8分）	党委行政办公室	

附件 7：

减分项目评价指标体系

考核内容	评分标准	考核单位
会议议定事项督办	部门未按照党委会、院长办公会议定事项按时按要求完成且未提交情况说明（须经分管院领导签字同意）扣 1 分/次。未及时提交办结情况说明的扣 0.1 分/项	党委行政办公室
综合值周督办	未按综合值周督办要求按时按质完成的扣 0.5 分/项，未及时提交办结情况说明的扣 0.1 分/项	党委行政办公室
公文督办	部门未在规定时间内完成文单批示要求，且未报情况说明（须经分管院领导签字同意）扣 1 分/次，若因延迟报送经上级部门催办扣 0.5 分/次，经上级部门通报扣 3 分/次，造成严重后果则由考核领导小组评定扣分值（以 OA 文单办理结果一栏为准）	党委行政办公室
其他督办	部门未按照督办单要求在督办期限内完成督办事项且未提交情况说明（须经分管院领导签字同意）扣 1 分/次。未及时提交办结情况说明的扣 0.1 分/项	党委行政办公室
安全生产	重大安全、稳定责任事故（四、五级安全责任事故）实行一票否决，部门考核等级直接列入 D 级	安委会
审 计	根据审计查找的问题和整改情况酌情进行扣分，发现问题整改不到位的 1 分/项	监察审计处
纪检监察	党风廉政建设实行一票否决，部门出现严重违规违纪行为，受到相应处理，部门考核等级直接列入 D 级。 部门人员接受纪律审查并被处理，扣部门 1 分/人次	纪委办公室
信 访	信访落实到部门，部门未按时处理，扣 1 分/项	党委行政办公室
通 报	凡经学院书面通报批评的部门或个人，以部门为单位扣 0.5 分/次	党委行政办公室

附件 8：

重点工作项目调整申请表

申请部门（盖章）：　　　　　　负责人签字：

项目内容	
申请理由	（附：项目工作详细方案）
分管院领导意见	
院长意见	

（二）二级教学单位教学工作考核指标体系

表 3-2　教学工作考核指标体系

要素	序号	指标	分值	考核方法	备注
教学常规管理	1	因私(不含因病)调课、代课率	扣分分值＝调代课率×10（保留2位小数）	以教务管理系统数据为准	教学常规管理共计12分,实行减分制,减完为止,不再进行折算
	2	教学事故	一般教学事故：-1分/人次 严重教学事故：-2分/人次 重大教学事故：-5分/人次	以人事处发文为准（标准依据《四川交通职业技术学院教学责任事故认定和处理暂行办法》川交职院函办〔2015〕25号）	
	3	资料报送	不按时报送：-0.1分/次	以教务处记录为准	
	4	学生考试违纪	-0.2分/人次	以教务处考场违纪记录为准	
	5	教学检查	1.无故未按要求或按时完成教学检查工作：-0.1分/项次 2.在各级教学检查中发现问题并书面通报：-0.5分/项次	以教务处检查记录和书面通报材料为准	
	6	实践教学管理	1.设备完好率≤80%：-0.1/实训室 2.实训项目开出率≤80%：-0.1/专业 3.年度实训条件建设计划完成率≤80%：-0.2分/项	教务处统计数据	

续表

要素	序号	指标	分值	考核方法	备注
教学常规管理	6	实践教学管理	4.跟岗实习、顶岗实习备案率：扣分值=（1-备案率）×10（保留2位小数） 5.顶岗实习管理平台学生注册率：扣分值=（1-注册率）×10（保留2位小数） 6.专业技能训练项目库年度计划完成率：扣分值=（1-完成率）×10（保留2位小数） 7.实习管理过程中发生安全责任事故、出现违规组织实习造成恶劣影响或上级主管部门通报的：-12分		
教学工作成效	*7	专业建设（上限不超过200分）	专业人才培养方案优化	满分50。系部得分=完成优化的专业培养方案数与本系招生专业数（含实施分类分层教学专业数）的比例×50分（保留2位小数）	以各系提交成果为准	教学工作成效实行加分制，最高为15分，教学系(含公共课教学部)得分=本部门累计得分/计分项上限总和×15 马克思主义学院不考核"*"项，按实际得分/计分项上限总和×15分计算
	8		课程标准制定	满分50，完成编写并应用的课程标准数与本系开设课程（含分类分层教学课程）门数的比例×50分（保留2位小数）	以各系提交成果为准	

续表

要素	序号	指标	分值	考核方法	备注
教学工作成效	9	教学改革	国家级教学改革立项：20分/项 国家级教学改革结题：40分/项 省级教学改革立项：10分/项 省级教学改革结题：20分/项 院级教学改革立项：5分/项 院级教学改革结题：10分/项 教学成果奖励按照相应等级项目结题计分的6倍计算	以相关部门当年发文或证书为准。教学改革项目为跨系跨部门混编团队的，按排名前五（含负责人）团队成员构成比例分配得分	
	*10	系级课程资源建设	满分50分。系部得分＝完成系级课程资源建设门数与本系应完成建设系级资源的课程门数的比例×50分（保留2位小数）	以教务处当年验收结论为准	
	*11	在线开放课程建设（含专业资源库、虚拟仿真实训项目、云教材建设）	国家级60分/门 省级30分/门 院级15分/门 云教材建设25分/门 （专业资源库、虚拟仿真实训项目中涉及的课程资源建设可对应至相应等级的在线开放课程建设）	课程建设只计当年新增结题课程，以相关部门发文为准。同一课程本年被认定为不同级别的，按最高等级计分，不累计。课程建设项目为跨系跨部门混编团队的，按团队成员构成比例分配得分	

课程建设（上限不超过200分）

续表

要素	序号	指标	分值	考核方法	备注
教学工作成效	*12	课程推广应用情况	省级在线开放课程推广至开放平台，除用于本专业教学外，校外用户注册并参与学习人数≥100人：20分/门；且每增加10人（不足10人不计）加2分 院级在线开放课程校内用户注册并使用人数占本专业人数≥80%：10分/门；且每增加1%（不舍入）加1分	课程推广应用情况不计本年度新建成课程	
	13	校内师资培训任务达成情况	培训任务完成比例≥70%：20分；且每增加1%（不舍入）加1分	线上根据培训记录情况；线下根据培训完成情况。以师资培训线上平台数据、教务处考核数据为准	
	14	师资队伍建设（上限不超过300分）指导学生参加技能大赛和专业社团等情况	指导专业社团或指导学生参加省级及以上技能大赛或指导学生参加创新创业大赛教师人数占全系教师人数比例×50分（保留2位小数）	以教务处核实数据为准	
	15	教师信息化手段使用情况	任课教师使用蓝墨云和超星平台等开展教学的情况：每月排名前五名系部分别按照5、4、3、2、1加分，每学期计4个月（上学期计3、4、5、6月，下学期计9、10、11、12月，下同），共计8月，蓝墨云和超星平台分别记录，可以累加。	以蓝墨云和超星平台后台统计数据为准	

续表

要素	序号	指标	分值	考核方法	备注
教学工作成效	15	教师信息化手段使用情况	任课教师每月前五十名所在系部按 0.5/人加分，每学期计 4 个月，共计 8 个月，蓝墨云和超星平台分别记录，可以累加		
	16	教师技能大赛获奖	国家级：一等奖 100 分/人次，二等奖 80 分/人次，三等奖 60 分/人次；省级：一等奖 50 分/人次，二等奖 40 分/人次，三等奖 30 分/人次；院级：一等奖 20 分/人次，二等奖 15 分/人次，三等奖 10 分/人次，优秀组织奖 60 分/次，最佳成效奖 60 分/次	获奖级别以教务处认定为准，获奖等次以文件和证书为准。团队获奖计 1 人次，跨系混编团队获奖由团队成员所在各系按人员构成比例计分，同一赛项只计最高获奖等级，不累计	
	*17	学生技能提升（上限不超过200分）学生技能大赛（含创新创业大赛）获奖	世界级：100 分/项次；国家级（含世赛国内预选赛前5）：一等奖 80 分/项次，二等奖 70 分/项次，三等奖 60 分/项次；省级：一等奖 50 分/项次，二等奖 40 分/项次，三等奖 30 分/项次；市级：一等奖 20 分/项次，二等奖 15 分/项次，三等奖 10 分/项次	获奖级别以教务处认定为准，获奖等次以文件和证书为准。跨系混编团队获奖由团队成员所在各系按人员构成比例计分，同一赛项只计最高获奖等级，不累计	
	*18	举办学生（含教师赛）技能大赛	国家级：50 分/项次省级：30 分/项次市级：10 分/项次	以举办文件和佐证材料为准	

续表

要素	序号	指标	分值	考核方法	备注
教学工作成效	*19	"1+X"证书制度试点情况	学生证书获取率≥30%：30分；且每增加1%（不舍入）加1分	以文件和证书为准，公共部按英语等级证书获取率考核，其他系部不再计入英语等级证书。证书须与专业相关，与人才培养方案要求一致	
教学质量评价	20	教学质量测评	总分3分，根据学生调查评分比例折算	测评系统提供	教学常规管理共计5分，不再进行折算
	21	教学督导	总分2分，根据督导工作完成情况综合评价 优秀：2分 良好：1.5分 合格：1分	督导组评价结论及各系督导工作总结情况	

（三）部门师资队伍考核指标体系

表3-3　教学系师资队伍建设考核指标（10分）

编号	项目	加扣分细则	最高分值
1	做好部门教职工校外培训及顶岗锻炼管理工作	按时提交校外培训及顶岗锻炼计划得3分； 顺利完成计划得10分； 校外培训未完成1项扣3分； 顶岗锻炼未完成1项扣4分； 顶岗锻炼由学院抽查发现问题的1项扣4分； 顺利承接国培项目并成功完成实施的1项加2分	15

续表

编号	项目	加扣分细则	最高分值
2	做好教职工专业技术职务的申报及推荐工作	按时并顺利推荐开展专业技术职务申报工作得7分； 审核不严格致推荐材料有误1项扣2分； 未完成指标1人扣3分； 未按时报送材料1次扣2分； 超指标完成申报，1人次加3分	12
3	做好兼职教师的计划制定及聘用工作	按时并顺利报送兼职教师计划得4分； 按时并顺利报送拟聘任兼职教师材料得4分； 材料报送不及时1次扣2分； 材料报送有误1人次扣1分	8
4	做好骨干教师和专业带头人的培养及申报工作	按时并顺利推荐开展骨干教师和专业带头人申报工作得8分； 审核不严格致推荐材料有误1项扣2分； 未完成指标1人扣2分； 未按时报送材料1次扣2分； 超指标完成申报，1人次加2分	10
5	做好教职工职业生涯规划工作	按时并顺利开展教师职业生涯规划工作得10分； 完成职业生涯规划入库工作得5分； 未完成指标1人扣2分； 未按时报送材料1次扣2分	15
6	完善部门人事制度建设工作	在学院人事制度基础上，顺利完成本部门内部各项人事制度体系建设（包括岗位、考核、校外培训、薪酬、社会服务、师德等），制度通过系内党政联席会10分； 未完成一项扣2分	10
7	大师工作室申报及建设工作	成功申报大师工作室一类加15分，二类加12分，三类加7分； 未完成年度考核指标一项扣3分； 工作室验收不合格，一类大师工作室一个扣15分，二类扣12分，三类扣7分	15

续表

编号	项目	加扣分细则	最高分值
8	做好薪酬管理工作	不按时提交1次扣1分； 错误一次扣2分； 全年无问题得10分	10
9	做好人事口基地或平台申报工作	按规定参与申报1个项目得2分； 成功申报1个项目得3分	5

表3-4 公共课教学部、思政部师资队伍建设考核指标（10分）

编号	项目	加扣分细则	最高分值
1	做好部门教职工校外培训管理工作	按时提交校外培训计划得3分； 顺利完成计划得5分； 校外培训未完成1项扣3分； 顺利承接国培项目并成功完成实施的1项加2分	10
2	做好教职工专业技术职务的申报及推荐工作	按时并顺利推荐开展专业技术职务申报工作得15分； 审核不严格致推荐材料有误1项扣3分； 未完成指标1人扣4分； 未按时报送材料1次扣3分； 超指标完成申报，1人次加3分	20
3	做好兼职教师的计划制定及聘用工作	按时并顺利报送校外兼职教师计划得7分； 按时并顺利报送拟聘任兼职教师材料得7分； 材料报送不及时1次扣3分； 材料报送有误1人次扣2分； 顺利完成校内兼职教师工作安排并有效实施，无事故得6分； 校内兼职教师工作失误一次扣3分	20

续表

编号	项目	加扣分细则	最高分值
4	做好骨干教师和专业带头人的培养及申报工作	按时并顺利推荐开展骨干教师和专业带头人申报工作得7分； 审核不严格致推荐材料有误1项扣2分； 未完成指标1人扣2分； 未按时报送材料1次扣2分； 超指标完成申报，1人次加3分	10
5	做好教职工职业生涯规划工作	按时并顺利开展教师职业生涯规划工作得10分； 完成职业生涯规划入库工作得5分； 未完成指标1人扣2分； 未按时报送材料1次扣2分	15
6	完善部门人事制度建设工作	在学院人事制度基础上，顺利完成本部门内部各项人事制度体系建设（包括岗位、考核、校外培训、薪酬、社会服务、师德等），制度通过系内党政联席会10分； 未完成一项扣2分	5
7	做好薪酬管理工作	不按时提交1次扣2分； 错误一次扣3分； 全年无问题得15分	15
8	做好人事口基地或平台申报工作	按规定参与申报1个项目得2分； 成功申报1个项目得3分	5

（四）部门学生工作考核指标体系

表 3-5　部门学生工作考核指标体系

项目	考核细目	考核要素	考核办法	考核方式	备注
队伍建设（14分）	职业能力（3分）	辅导员各类技能大赛（3分）	专职辅导员参赛率80%以下扣1分，60%以下扣2分，40%以下扣3分，以此类推	项目	专职辅导员病事假必须有总支书记签字和学工部长同意的书面假条，其中病假必须出具正规医院的证明。涉及辅导员上课和其他事项需提前安排
	能力提升（4分）	参会与培训（4分）	以系（部）为单位，缺勤率（上课除外）每10%扣0.5分/次，迟到率每10%扣0.2分/次。迟到10分钟之内（含早退）按比例减半扣分；迟到10分钟以上视为缺勤。除上课、出差以外的请假，扣0.05分/次	项目	扣分以平时学工部的通报为准。学工部通知的各类工作会议或培训会，参会人员须现场亲笔签到。副科级干部及以下人员的病事假、公假必须有总支书记签字和学工部长同意的书面假条，总支书记和副书记须有分管院领导同意的书面假条。考核中病产假和公假辅导员除外
	科学研究（4分）	撰写学生工作交流论文与经验分享等（4分）	以系的名义或专兼职辅导员撰写的工作论文或工作案例符合要求，查重合格且为当年新作，上交率高于70%（含）但低于80%扣1分，高于60%（含）但低于70%扣2分，60%以下扣3分，以此类推	项目	考核时间是前一年的12月份至当年的11月份，若当年出现多次征集，则分次按该标准进行考核

续表

项目	考核细目	考核要素	考核办法	考核方式	备注
队伍建设（14分）	工作成效（3分）	有效投诉（3分）	属于各系学生管理工作职责范畴之内的有效投诉，投诉查实扣1~3分/人次（根据情节及影响，由申诉委员会确定扣分分值）	年末	依学院《学生工作责任事故认定及处理办法》的有关条款酌情扣分
思政教育（24分）	主题班会（4分）	班会策划书；活动照片2~4张；活动总结资料（4分）	当次班会缺一项资料扣1分，资料不详细扣0.5~1分；专兼职辅导员班会未到场扣1分；班会缺1个行政班扣1分	项目	依学工部通知的主题班会进行考核，以每次班会为考核点，辅导员可单班组织，也可合班开展，但每次班会不能超过3个行政班。活动照片上一定要出现辅导员参与、班会主题、班会时间、班级及人数等
	心健教育（5分）	有兼职负责人；建立学生心理档案；参加辅导员沙龙；及时上报危机学生信息；开展新生心理普查；积极组织开展"5·25"活动（5分）	无负责人扣1分；未建心理健康档案扣1分，不全每缺一项扣0.1分；辅导员参与率每少10%扣0.1分；未及时上报扣0.5分/次；每缺一人扣0.2分，新生约谈记录不是辅导员本人填写扣1分/次，填写不完整每项扣0.1分/次，未以班级为单位装订资料每班扣0.1分/次；无活动策划书、活动照片、活动总结的，每缺一项扣1分，不符合要求扣0.5分/次，未及时提交扣1分/次，核心活动连续两年排名倒数第一扣1分	项目	以心理健康教育中心通报或签字认可的记录为依据

续表

项目	考核细目	考核要素	考核办法	考核方式	备注
思政教育（24分）	安全教育（7分）	安全教育与责任事故（7分）	若出现安全责任事故，扣7分/起。未按要求开安全教育班会扣5分/班次，资料缺项扣3分/班次，资料不详细扣1~2分/班次。学生打架斗殴、酗酒滋事或干扰正常秩序每次扣1分，不及时上报或不及时到场教育处理的按学生人次扣2分/人次	项目	在重大节日和寒暑假放假前，各系要有安全工作专项会议，专兼职辅导员必须主持召开安全教育班会，教育资料要有记载，有参会学生亲笔签名
	思想交流（4分）	谈话记录（4分）	辅导员每月谈话不少于8次，按要求完成任务得4分，缺少率高于0.65%的每高0.1%扣1分	学期	谈话对象应有重点人群，谈话记录须有学生签字和联系电话，学工部核查（兼职辅导员减半计分）
	家校互动（4分）	家访及家校联系工作（4分）	经学工部批准的特殊情况除外，专兼职辅导员家访工作参与率50%以下扣1分，40%以下扣2分，30%以下扣3分，以此类推。家访成果上交每少1份扣0.5分。每个班级的家校联系平台必须完整，纸质版或电子版缺失扣3分/班，不完整酌情扣分	项目	以每年的家访工作通知和各系按时报送的成果为依据

续表

项目	考核细目	考核要素	考核办法	考核方式	备注
班风学风建设（15分）	班级文化（9分）	班风学风建设（9分）	有学风建设推进计划，有严格真实的课堂考勤记录，课堂状况良好。无推进计划或考勤记录的扣2分/项，出现学风通报不吻合的条目扣0.1分/条，其他通报扣2分/次。学生受处分率每0.1%扣1分	平时	以通报、督办和处分文件为准，系主动申报的处分不扣分
	易班文化（6分）	易班建设与管理（6分）	依学院易班发展中心的相关考核数据计算	年末	以学院易班每年的数据统计为依据，寒暑假除外，毕业班除外。考核时间为头年12月至当年11月底
优质院校建设（16分）	七彩工程（5分）	方案、实施与结果（5分）	各系依据学院"七彩工程"建设总体方案，制定实施意见。无实施意见扣2分，报备每少一次扣0.1分，年终无分析总结报告扣2分，每项工作未完扣0.2分	每月	从实施之月起，每月有推进情况报备
	素质教育（4分）	人才培养（4分）	培育的行业精英人才不低于在校生人数的0.28%，培育的卓越人才不低于在校生人数的2.8%，培育的高素质技术技能人才不低于在校生人数的28%。未达标扣1分，未开展不得分。	学期	在校生人数以每年10月10日学籍在册人数为准

续表

项目	考核细目	考核要素	考核办法	考核方式	备注
优质院校建设（16分）	素质教育（4分）	人才培养（4分）	进一步完善并实施本系素质教育计划，无实施计划扣2分；承担本系素质教育课程教学任务，未完成素质教育课程教学任务扣2分；在完成过程中出现教学事故，除按教务处规定处理外，另扣2分/人次		
	校园文化建设（7分）	宿舍文化建设（5分）	文明寝室合格率覆盖人数不低于大一、大二在寝学生的60%，每低1%扣0.5分；合格寝室人数覆盖率不低于90%，每低1%扣0.5分	年末	考核时间为当年3月1日—12月10日
		特色文化建设（2分）	有体现系（部）专业特色文化、中华传统文化、四川红色文化或四川交通特色文化的建设方案及实施结果。有一项文化建设得0.5分	每月	每月报送推进情况，年终评估结果
学生教育管理（31分）	资助育人（8分）	各类奖资助活动和评优评先活动（8分）	不按流程操作扣3分/次（包括政策宣传）；各级评审会议记录缺失扣1分/次；推荐学生资格不符合评定条件或要求扣1分/人次；推荐材料不符合要求扣0.5分/份；未按时报送扣1分/天/次；系留存资料不符合资助档案管理要求扣0.5分/项次	项目	累计扣分

续表

项目	考核细目	考核要素	考核办法	考核方式	备注
学生教育管理（31分）	活动育人（5分）	积极组织参加学生口各类活动（5分）	带队教师缺席扣1分/人次，迟到早退扣0.1分/人次，学生缺席扣0.1分/人次；学生中途退场率每10%扣1分	项目	以学工部通知安排为考核依据，以带队教师开会现场签到为考核点，学生到场人数由学工部安排教师现场清点
	工作效率（4分）	及时准确上交各类资料或信息（4分）	除专项教育（资助育人、档案管理、心理健康教育）活动外，每延迟半天扣0.2分；误报根据情节扣0.5~3分/次	项目	以学工部通知上交资料时间为准，而且纸质资料以签收记载，电子数据统计资料以网络平台传递为依据，资料延迟扣分以11：00和17：00为时间界限
	档案管理（4分）	学生档案资料（4分）	无论是往年应交而次年经催促仍未交的档案资料，还是当年应交档案资料，都在当年考核；档案资料整理必须完整、有效，按误装或漏装情节扣0.5~2分/人次	项目	以学工部规定期限完成，可重复扣分
	深入宿舍（8分）	辅导员深入学生宿舍（8分）	所带学生未离校的专职辅导员每周深入学生寝室不少于2次，每次不低于30分钟，低于30分钟按未入寝展开工作计算次数。每少一次或时间不够扣0.5分/人次	年末	考核时间为当年1月1日—12月10日。病事公假辅导员必须由学生干事在通报当日之内给宿管中心说明并销假（兼职辅导员减半计分）

续表

项目	考核细目	考核要素	考核办法	考核方式	备注
学生教育管理（31分）	入学教育（2分）	新生入学教育（2分）	新生入学教育考试不合格率每低5%扣0.5分	项目	若当年下半年学校组织过入学教育的补考，则依考试和补考两个环节之后的成绩合格率计算

学工部评分（权重80%）

备注：1.本考核实现项目考核、学期考核和年终汇总考核相结合的考核制度；2.考核中的考核点只针对学生工作部所负责的活动事项；3.考核要素中每项分值不得突破该项最高分值，该小项无扣分则得全分，扣减分值若低于0分，则以0分计；4.考核中任一事项只在一个考核要素中进行考核，不重复考核；5.考核解释权在学生工作部

二、明确持续的诊断改进制度

诊改工作作为一项长期持续工作，形成内部质量保证体系、促进学校自觉诊改、会诊改是关键。四川交通职业技术学院将诊改作为一项长期工作在执行，形成了一套完善的诊改工作机制。

为贯彻《国务院关于加快发展现代职业教育的决定》，落实《教育部办公厅关于建立职业院校教学工作诊断与改进制度的通知》，根据《高等职业院校内部质量保证体系诊断与改进指导方案（试行）》，结合《四川省高等职业院校内部质量保证体系诊断与改进实施方案（试行）》，决定在前一阶段诊改的基础上，根据中国特色高水平高职学校和专业建设项目（以下简称"双高"）要求，进一步完善内部质量保证体系诊断与改进制度，深入开展诊断与改进工作。

（一）目的与意义

切实发挥学院的教育质量保证主体作用，不断完善内部质量保证制度体系和运行机制，是促使专业品质更快提升、教师不断发展进步、

学生健康成长的重要举措，是持续提高技术技能人才培养质量的制度安排，对提升人才培养质量，加快发展现代职业教育具有重要意义。

（二）基本原则

1. 问题导向

以学生为中心，以提高人才培养质量为目标，围绕教学中心工作，以问题为导向，按照发现问题、分析问题、改进和成效评价的流程，诊断教学工作预期目标达成度和实施成效，通过数据分析和深入勘察，发现在专业建设、课程建设、师资队伍、学生管理和学院管理发展等方面存在的问题，倒逼学院各方面工作持续改进，不断提高质量。

2. 递进提升

专业（群）和课程建设团队结合学院总体发展目标，拟定阶段性的质量管理目标，通过自我检查诊断，找准改进的方向，实现质量的阶段性提升，以此确保各阶段任务层层递进，目标逐级提升。通过内部质量保证体系的诊断与改进，形成螺旋上升、持续改进、不断提升没有目标终点的质量改进机制，促进人才培养质量的持续提升。

3. 标准动态

树立标准动态意识，主动适应质量改进的动态变化规律，秉承一段时期内标准相对稳定、诊断改进后标准随目标提升及时修订的原则，准确把握当前的主要矛盾、主要任务、主要举措，抓住关键环节，确立当前的参考标准，并根据不同的阶段特色进行调整，促进教学工作形成常态的持续改进机制。

4. 要素可变

建立查找问题的方法与机制，以问题为中心，根据诊改工作推进情况，查漏补缺，在不同诊改周期设立不同诊断要素。要素围绕当前工作的突出与核心问题设立，反映工作的变化与规律。通过对诊断要素的调整，达到在实践中不断完善内部质量保证体系，推动质量改进工作常做常新，提高诊改实效性的目的。

5. 融入常态

在改革试点中，将质量改进与常规工作紧密结合，逐步建立完善的内部质量保证体系，做好三个结合：一是质量管理与业务工作紧密结合，确保诊改工作覆盖业务工作的各个环节；二是质量考核与分配机制有机结合，充分挖掘员工潜力促使质量提升；三是教学质量建设与院校质量体系紧密结合，通过内部质量保证体系诊改促使学院人才培养质量建设逐步提升。

（三）范围与任务

内部质量保证体系诊断与改进，是指学院根据自身办学理念、办学定位、人才培养目标，聚焦专业设置与条件、教师队伍与建设、课程体系与改革、课堂教学与实践、学校管理与制度、校企合作与创新、质量监控与成效等人才培养工作要素，查找不足与完善提高的工作过程。

1. 范围

专业层面，原则上学院所有招生专业均全部纳入专业层面诊改。课程层面，院级及以上精品在线开放课程和当年推荐参加学院教师教学能力大赛的课程纳入课程层面诊改范围，其余课程由各部门结合自身情况确定是否纳入诊改范围。教师层面，学院所有教师（校内外专兼职教师、辅导员、教辅人员）全部纳入诊改。学生层面，所有在校生均纳入诊改。

2. 任务

（1）理顺工作机制。坚持"需求导向、自我保证，多元诊断、重在改进"的工作方针，形成基于"五纵五横、8字螺旋、两个驱动、一个平台"的"55821"的质量保证体系，完善学校自主诊断与改进工作机制，保证人才培养质量持续提高。

（2）落实主体责任。切实履行学院对人才培养工作质量保证主体的责任，建立常态化周期性的内部质量保证体系诊断与改进制度，开展多层面多维度的诊断与改进工作，构建校内全员全过程全方位的质量保证制度体系，并将自我诊断与改进工作情况纳入年度质量报告。

（3）数据系统支撑。充分利用信息技术，建立以智慧校园为基础的质量诊断与管理数据平台，及时掌握和分析人才培养工作状况，依法依规发布社会关注的人才培养核心数据。加快推进相关信息化建设项目，为公共信息服务、培养工作动态分析、教育行政决策和社会舆论监督提供支撑。

（4）注重结果应用。充分重视诊断出的问题，逐个解决、逐步提升，务必真做真改。同时，认真总结第一阶段诊改经验，进一步固化前一阶段诊改成果，注重将诊断与改进的思想应用到实际工作中，推进校内人才培养质量的同时，不断扩大外部影响力，打造在省内外具有一定影响力的交院特色诊改方案。

（四）实施要求

1. 组织要求

由教务处牵头专业与课程层面诊改工作，制定相关诊改方案及操作流程。各系以专业群为单位，公共课教学部、马克思主义学院以部门为单位，开展本专业群或本部门专业和课程诊改工作。由组织人事处牵头教师层面诊改，各部门认真落实教师诊改要求，分类对本部门教师情况进行诊断与改进。学生工作部牵头学生层面诊改，各教学系按照相关要求对本系学生开展诊断与改进。

2. 内容要求

（1）学校层面。

学校层面，围绕"规划与标准、运行与实施、资源条件、政策与制度、监控与成效"5个部分设置诊断点（关键质量控制指标）106个，确定以职能部门、教学系（部）为质量主体，以年为大循环周期开展诊改工作。

（2）专业层面。

专业层面诊改分为专业建设、专业教学（即专业人才培养实施）

两个部分。专业建设诊改请各专业群对标"双高"建设要求，分解具体任务，对专业建设各项指标进行目标设定，以一年为周期开展诊改。专业教学诊改基于成果导向（OBE）理念，聚焦本专业人才培养目标实现，以三年为一周期开展诊改。

（3）课程层面。

课程层面诊改分为课程建设、课程教学两个部分。课程建设诊改侧重资源建设和应用，有院级及以上精品在线开放课程建设任务的课程根据建设要求自行设定目标，以一年为周期开展诊改。课程教学诊改主要基于成果导向（OBE）理念，对课程教学目标达成度进行监测。被推荐参加院级教师教学能力大赛的课程必须开展课程教学诊改，以一学期为周期开展诊改。其余课程由各部门结合实际情况确定是否开展课程建设、课程教学诊改。

（4）教师层面。

教师层面的诊改，从纵向上分为教师队伍、教师个人两个层面的诊改，组织人事处、二级教学单位进行教师队伍诊改，教师个人进行个人诊改；横向上，分专兼职教师、辅导员、其他教师三类，对每类教师进行不同层次的定位，教师根据自身发展目标选择相应类型、相应层次的诊断标准。

（5）学生层面。

学生层面的诊改与教师层面类似，从纵向上分为学生队伍、学生个人两个层面的诊改，学生工作部、各系进行学生队伍诊改，学生个人进行个人诊改；横向上，根据"百千万"工程，细化"百""千""万"各类型的诊断标准，让每个学生根据自身发展目标选择相应类型、相应层次的诊断标准。

（五）进度安排

1. 启动

所有层面诊断内容须在自身对应的诊断大周期结束的当年9月30日前完成一轮诊改，并启动对相关新内容的诊改。

2. 推进

（1）2020年10月起开始推进复核后新一轮诊改。

（2）教务处、各专业群、课程团队结合自身诊改目标，传递目标及标准，分解任务至相应责任主体。

（3）各质量主体根据目标及标准要求，自行确定自身监测周期，确保过程诊改质量。学校、教师、学生层面均以月为监测周期，专业建设诊改以月为监测周期，专业教学诊改以年为监测周期，课程建设诊改以月为监测周期，课程教学以1次课为监测周期进行数据监测。

（4）诊改负责人统筹组织本团队有关人员通过学院统一身份认证平台进入"内部质量保证体系信息平台"和"一表通数据平台"采集、分析相关诊改数据，形成诊改周期内诊改报告。

（5）各诊改责任主体根据诊断报告反映的问题，持续改进提升。

3. 复核

校内复核：每年年底。

校外专家复核：待定，以上级通知为准。

第四章

平台建设应用

第一节　平台概况

一、学院信息化诊改概况

经过多年的建设，学校信息化建设已经取得了很大的进步，网络建设也得到了很好的发展。学校大多部门已建成各种独立的部门级应用系统，通过这些系统积累了部分数据，也提高了部门的管理水平和能力。各项管理信息系统，日益成为学院教职员工获取信息、丰富知识、学习交流的重要渠道，在推动教育改革发展、促进思想文化交流、丰富教职员工精神生活等方面起到了积极作用。但随着建设应用的逐步增多，"数据孤岛"现象严重，无法实现数据共享，对学院内部质量保证体系、校情决策分析等应用不能提供有效的数据支撑，也不能促进学校信息化应用为师生提供更好、更便捷的优质服务。

二、总体建设目标

内部质量保证体系诊断与改进信息平台建设项目，是在学校现有信息化建设成果基础上，通过数据治理，实现"数据资产化"。本项目涉及数据治理平台、内部质量保障平台、统一认证平台等层面的建设内容。具体如下。

（1）通过本平台全面构建基于信息标准管理、主数据管理、数据交换、元数据管理和数据质量管理的数据治理体系，消除数据孤岛，实现"一次治理、多方复用"的建设效果。

（2）建成网络化、全覆盖、具有较强预警功能和激励作用的质量保证体系信息化平台，协同推进学院内部质量诊断与改进工作。

（3）建成学院统一身份认证平台，实现核心业务应用的单点登录，提升用户使用体验。

三、建设清单

表 4-1 建设清单

建设内容	建设平台	数量/套
数据治理工程（数据中台）	数据标准体系及管理平台	1
	主数据管理平台	1
	数据交换平台	1
	系统集成及数据清洗服务	1
	数据质量管理平台	1
	元数据管理平台	1
数据应用及服务	数据资产信息服务平台	1
	一表通数据平台	1
	内部质量诊断与改进信息化平台	1
	统一身份认证平台	1

第二节 建设内容及效果

内部质量保证体系诊断与改进平台，是学院智慧校园建设的一部分。上节概括性地介绍了学院诊改前后信息化建设，特别是信息化软件建设中存在的问题及改进的对策，体现了学院信息化发展对诊改工作的支撑作用愈加强大。本节将着力介绍学院诊改平台。借助诊改平台，学院内部治理保证体系的建设和运行有了技术和效率保障。

一、数据标准体系及管理平台

信息标准可对数据进行统一约束，确保信息系统的建设、使用、管理、维护规范有序。以数据标准为基础的数据治理体系,保证学校数据的完整性、有效性、一致性、规范性、开放型和共享性,贯穿数据管理的全流程。

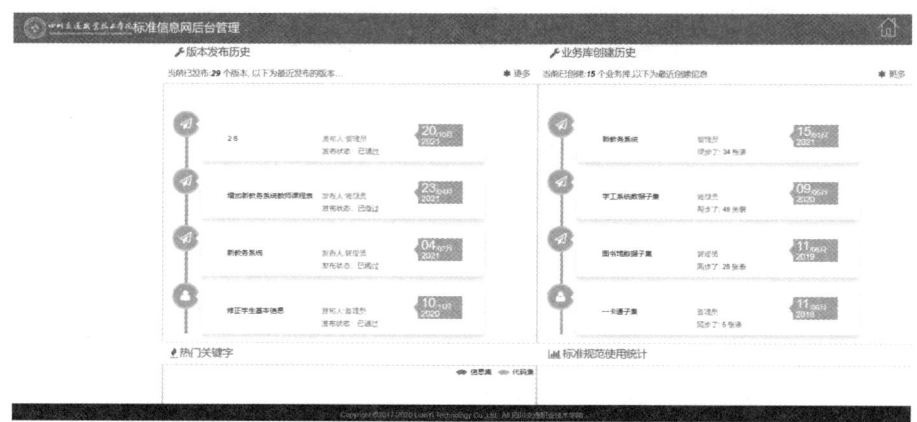

图 4-1 信息标准网

图 4-2 信息标准管理后台

该平台解决的痛点及建设效果是:

(1)建成完善的学校信息标准,实现全校范围内教育信息资源交流与共享,为后续应用接入、信息交换与共享提供了基础性条件。

(2)解决目前学校各业务系统所采用的技术规范和标准、数据字典不同,不能在同一界面进行查询与管理的痛点。

（3）通过信息标准平台，辅助学校信息标准的全生命周期管理，协同推进学校的数据标准化管理和信息化建设。

二、主数据管理平台

主数据平台建设就是从学校各部门的多个业务系统中整合最核心的、最需要共享的数据（主数据），集中进行数据的清洗和丰富，并且以服务的方式对统一的、完整的、准确的、具有权威性的主数据进行发布与共享。

（a）

（b）

（c）

图 4-3 主数据管理平台

该平台解决的痛点建设效果如下：

（1）解决目前在建设过程中，异构数据库——共享数据调用交叉错乱的情况；打通"数据孤岛"，保障数据的一致性、实时性。

（2）建成全局库，基于学校信息标准，对学校业务数据进行清洗集成，形成学校真正的、全面的"数据资产"。

（3）建成历史库，历史数据根据业务规则定时备存，沉淀数据资产，为学校后续的跨年度纵向数据分析奠定基础。

（4）数据开放管理，管控学校数据资产调用。通过对接口的配置授权，可以将数据开放给其他系统使用，通过细粒度的授权和检测，保证数据的安全。

三、数据交换平台

数据交换平台是参照标准体系，对学校业务数据进行全面梳理、清洗、抽取、转换装载，形成业务数据池，实现全校各主要业务系统的数据共享和交换。

该平台解决的痛点及建设效果如下：

（1）学校业务系统的数据来自不同的厂商，通过数据交换平台，实现数据清洗、转换，达到数据统一。

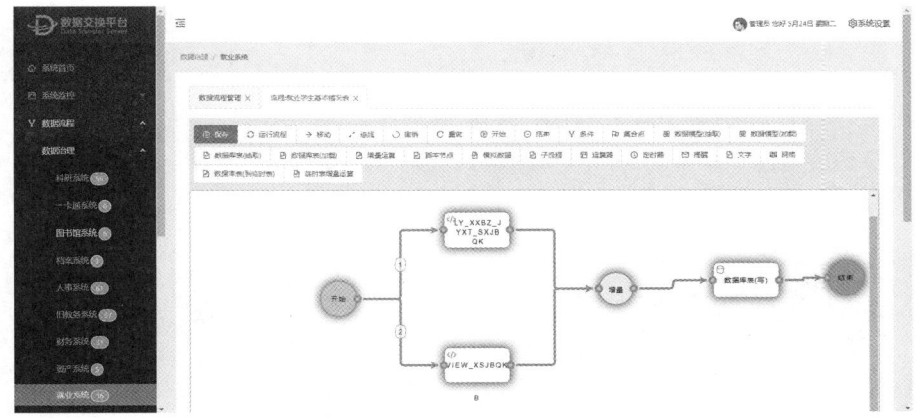

图 4-4 便捷化配置服务

（2）便捷化配置服务。平台是以图形操作为主，在数据交换管理工作中可以提高技术人员的配置流程速度，优化体验。

（3）可视化监控服务：对于配置好的数据流程，支持从整体运行和具体的流程查看的角度监控学校的数据流程运行，保障数据运行流畅。

四、系统集成及数据清洗服务

目前，已完成学校核心业务系统（教务系统、人事系统、学工系统、科研系统、财务系统、资产系统、就业系统、档案系统、图书馆系统、一卡通系统）的数据清洗，按照业务模型进行抽取转换清洗入库，构建全量数据中心。

系统集成及数据清洗服务

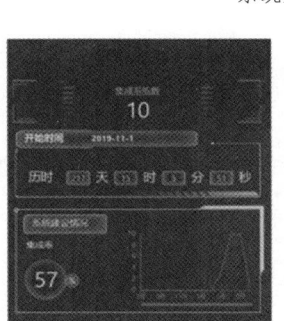 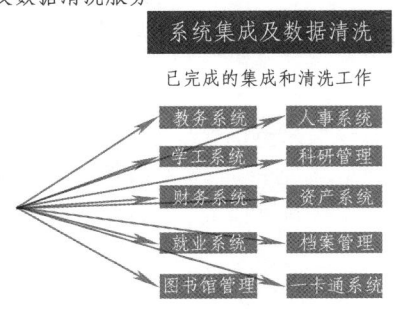

图 4-5 数据清洗集成情况

五、数据质量管理平台

数据质量管理平台是保证数据应用效果的基础,它从数据使用角度全方位监控管理数据资产的质量,基于数据质量指标体系,实现对数据质量的分析及可视化展示。

图 4-6 数据质量管理首页

该平台解决的痛点及建设效果如下:

(1)数据质量核验,保障数据可用性:通过定义相应的数据质量指标规则,对全局数据库的数据进行质量核验,更好确保共享出去的数据是标准可用的,协助学校实现有效的数据资产使用和管理。

(2)问题预警,辅助数据运维管理:当数据和数据流程出现问题时会进行告警,辅助学校的数据运维管理,保障学校信息化工作的稳定与安全。

(3)多维度数据报告,推动信息化建设:平台会定期自动生成不同数据层级的质量报告,将隐藏在后台的数据质量问题,以简明易懂的图形方式呈现出来,协助学校推进信息化管理。

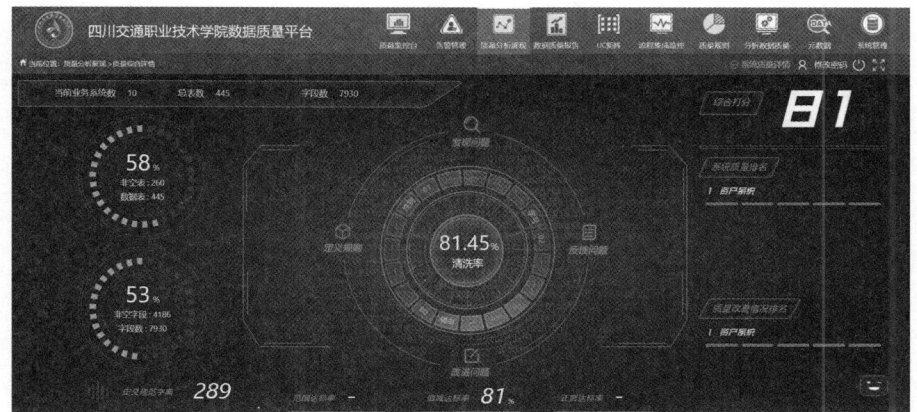

图 4-7 质量分析展现

图 4-8 数据质量报告

六、元数据管理平台

元数据管理平台采用集中式管理模式进行元数据管理,对数据资产统一定义、统一管理,实现数据资产的规范管理和有力传承;支持数据资源的组织管理及全链分析,快速掌握元数据变更可能造成的影响,有效评估变更该元数据带来的风险。

痛点解决及建设效果:

(1)通过元数据管理平台,建成完整、全局的学校数据资源地图。

（2）数据模型监管，形成数据资产目录，支撑数据质量分析。

（3）分析数据影响关系，在系统更新迭代时辅助做好数据协同工作。

七、数据资产信息服务平台

数据资产信息服务平台从服务层面为学校教师和领导提供便捷的数据服务。通过数据资产服务管理，建立全校数据资产目录；通过"数据超市"的形式提供数据，包括学校内部数据共享和外部数据流通，实现让数据多跑腿，让教师少跑腿，提高学校行政效率，实现数据价值。

该平台的痛点问题及建设效果如下：

（1）数据资产公示：展示学校数据资源情况。

（2）数据申请：支持用户在线数据使用申请、审批。

（3）质量反馈：建立数据质量反馈机制。

（4）数据资产安全管理：实现对学校数据分级授权，数据统一查看。

八、一表通数据平台

一表通数据平台结合学校信息化建设的成果，利用数据中心已有的师生数据，实现师生自助填表、流程线上审批，减少了用户填表的工作量，为用户提供一站式的填表服务。

该平台解决的痛点问题及建设效果如下：

（1）支持学校数据采集工作：在学校信息化的逐步建设中，时常会有信息化建设与数据采集剥离的问题。一表通支持学校数据线上采集工作，提高了数据采集效率。

（2）日常用表一站式查询：填表大厅为用户提供一站式的填表服务，线上审核，降低了用户填表的时间成本和精力成本，最终达到提高填表效率、提升用户填表体验的目标。

（3）审核用户身份，数据自动填写，优化服务体验：系统会自动识别用户身份数据，对于类似工号、姓名、性别等用户的基本信息数据，系统会在填报表单中自动填写。

九、内部质量诊断与改进信息化平台

内部质量诊断与改进信息化平台基于源头数据，覆盖教学、管理、服务等人才培养质量的五层面多维度的数据分析与应用，为全体师生提供目标管理和自主诊改服务。通过设目标、定标准、建指标、拟算法、强预警、重分析、出报告等手段，全面实现"五纵五横"全过程质量管理。

该平台解决的痛点问题及建设效果如下：

（1）质量目标灵活配置：两链打造是诊改的起点，通过多维度指标管理，帮学校建立起五层面、各质量主体可量化的目标标准，实现了"两链"打造；还可结合"双高"项目指标进行指标管理。

（2）流程驱动螺旋运行：事前设定目标标准、事中监测预警、事后总结改进的流程驱动"8"字形质量螺旋运行，过程数据清晰记录，实现全员全过程全方位诊改。

（3）系统提供数据自动监测、实时预警提醒，建立常态化诊断改进机制：诊改周期结束后，自动生成质量报告。还可对问题数据下钻追溯，帮助诊改对象发现问题与不足。

（4）让数据助力领导"管控"：根据学院内部特色要求，基于数据中心及多渠道采集的信息数据，进行深度挖掘和数据分析，形成学校、专业、课程、学生、教师五个层面的数据画像，展示不同层面的诊改效果，提升各质量主体的获得感。

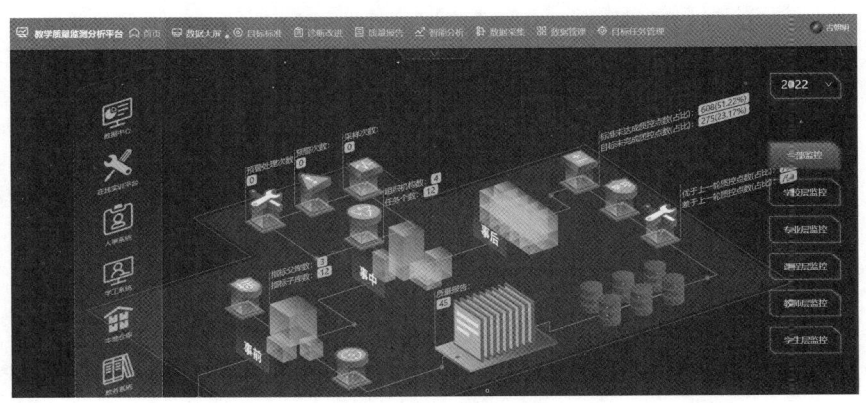

图 4-9　诊改监控大屏

图 4-10 学生层质量报告

十、统一身份认证平台

统一身份认证平台作为智慧校园的安全认证及授权中心，提供全面认证、授权控制和管理工具，对数据的访问和使用进行全方位多层次的许可、控制和管理，并保护数据拥有者和使用者的数据安全。

图 4-11 集成单点登录应用

该平台解决的痛点及建设效果如下：

（1）单点登录：解决多个系统多个账号使用不便问题；本期已经完成教务系统、人事系统、学工系统、科研系统、OA系统、云盘系统、图书馆系统、档案管理系统单点登录集成。

（2）多方式登录：支持使用学校标准账号（工号/学号）登录，也实现使用QQ、微信扫码、短信验证码登录。

（3）完善的密码找回策略：可通过邮箱、短信、账号申诉找回密码，通过绑定密码修改问题。

第五章

诊改实施成效

第一节 体系运行概况

对高职院校而言，内部质量保证体系的良好运行，是一个系统且庞大的工程。"55821"的整体设计如何能够落到实处，如何实现内部质量的螺旋上升，是体系运行的难点所在。其中，8字形质量改进螺旋的设计和运转，是体系运行最直观的展示。本节将重点围绕8字形质量改进螺旋的设计与实施做一介绍。

一、体系简介

（一）设计思路

内部质量保证体系建设的好坏，最终还是落实在对运行成效的检测上。诊改的最终目标是在学校、专业、课程、教师、学生各个层面建立起相对独立又相互关联的自主质量保证体系。同时，在组织实施的过程中，通过监测预警，对实施过程进行及时的诊断改进，实现螺旋式提高人才培养质量的目标。在整个过程中，又以诊改机制和质量文化的建立作为内生动力，从而保障诊改的科学性和长效性；以网络信息技术为手段，通过数据推进质量文化与信息技术融合，从而实现理念、载体的共享融通，这就是内部质量保证体系"55821"的内涵和本质。

而在体系运行的过程中，增强职业院校自身对质量保证的主体责任一直是诊断与改进的主题，也是目的之一。那么，如何激发职业院校自我保证的内生动力？质量的自我保证有无明确的步骤？……这一系列问题，在诊改工作的推进中不断涌现。基于此，在推进职业院校教学工作诊断与改进制度建设过程中，全国职教诊改专委会在戴明循环（即 PDCA 循环）、目标管理理论（MBO）、学习型组织理念等的基础上，提出各个职业院校在学校、专业、课程、教师、学生五个层面应建立 8 字形质量改进螺旋（以下简称"8 字形螺旋"），如图 5-1 所示。①

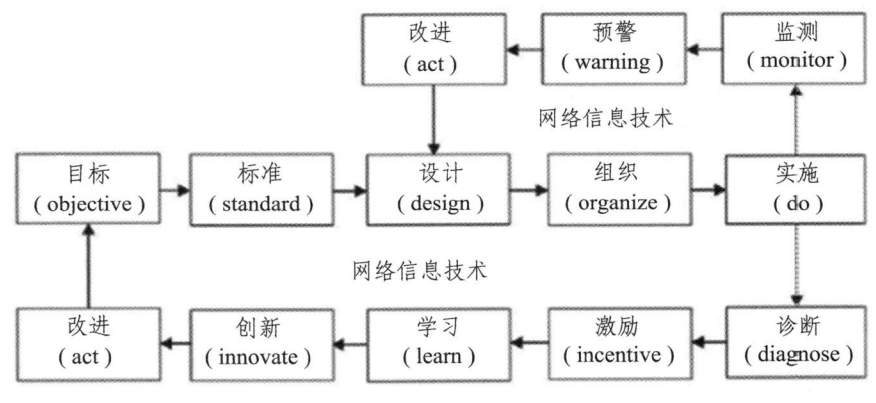

图 5-1　8 字形质量改进螺旋示意

（二）运行逻辑

按照"质量归根结底靠自身保证"的理念，内部质量保证体系运行的逻辑起点应是打造"目标链、标准链"，做实目标的质量标准；同时，借助现代信息技术，实现数据的源头采集、实时采集，并做好过程的监测、预警、分析，在此基础上，才能构建起各个层面适时诊改的常态化内部质量自主保证运行模式。这就是 8 字形螺旋的运转过程，也是内部质量保证体系运行的过程。

全国职业院校教学工作诊断与改进专家委员会委员汪建云指出，"8 字螺旋"由静态和动态两个螺旋叠加而成。所谓静螺旋指的是一个完整的工作流程：目标—标准—设计—组织—实施—诊断—激励—学

---

① 杨应崧，袁洪志. 职业院校内部质量保证体系运行基本单元探析[J]. 江苏高职教育，2020，20（04）：21-26.

习—创新—改进。其中，诊断与改进在实施完成后进行，而主体因诊断、激励产生学习动力和创新活力，引发知识创新，形成自"目标"开始的、比较全面和深刻的改进方案。所谓动螺旋指的是在质量生成过程中，根据实时监测到的数据，及时发出预警和即时跟进调控、改进的过程，一般不涉及目标、标准的调整。两个螺旋相交于"计划—组织—实施"环节，组成一个有机整体，相辅相成、互联互动，缺一不可。此外，尽管两个螺旋都处于持续运动的状态，但相对而言，动螺旋的运转速度明显快于静螺旋，所以分别简称为"动螺旋"与"静螺旋"。

在四川交通职业技术学院的诊改实践中，经过全国示范高职建设等两轮评估的积累，又有状态数据采集平台的支撑，建立静螺旋难度相对较小。一般来讲，"静螺旋"的运行周期较"动螺旋"长。在学院的实践中，"静螺旋"的周期一般是一学期或一年，而"动螺旋"则是一个月、一星期，甚至每天。因此，在诊改中，在确定了完整的诊改流程（即"静螺旋"）后，就将体系运行的主要精力放在了对过程的监测（即"动螺旋"）调控上。实践证明，这样的运行逻辑设计有利于职业院校内部质量保证体系的诊断与改进，能有效促进质量的螺旋上升。

二、实施路径

按照"充分贯彻文件精神，结合学院实际推进，真学真做力求实效"的思路，遵循"总体设计、理论研究、全面推广"的路径，从点到面推动学院内部质量保证体系诊断与改进工作。

（一）总体设计

充分理解和贯彻上级文件精神，结合学院教学工作，关注教学中心工作，适度推延拓展，系统设计了内部质量保证体系"五纵五横两驱动一平台"框架结构。

（二）理论研究

为确保内部质量保证体系建设与运行的实效，拟采取分步走的方式开展此项工作。第一步先进行理论研究，在总体设计基础上探索设计在教学资源配置、专业建设、教学常规管理、教师队伍、课堂教学、实践教学、学生管理、创新创业、信息系统建设、理论与文化10个项目上开展内部质量保证体系建设与运行理论研究工作，如图5-2所示，以找到符合自身实际、具有自身特点的质保体系建设与运行路径。通过第一阶段10个子项目理论研究工作的开展，拟解决对质量文化的认识和认可问题，逐步厘清目标链和标准链的逻辑传递关系，梳理质量标准意识。

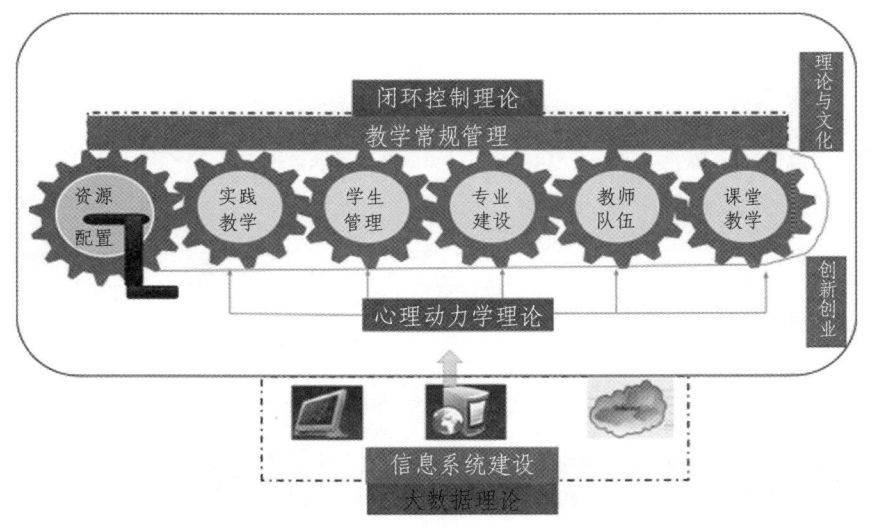

图 5-2　理论研究阶段 10 个子项目

（三）全面推广

通过理论研究阶段后，进行全面的总结和梳理，并在全校推广，形成学校、专业、课程、教师、学生五个层面的内部质量保证体系建设与运行的框架、机制和人才培养质量信息采集系统集群，编印相关的操作层面工作手册，总结后全面推广，形成长效机制。

三、诊改运行

诊改工作是一个螺旋上升的过程，每个层面的每个诊断周期都是一个完整的 8 字螺旋运行过程。各层面遵循事前确定目标、标准，事中进行监测预警，事后开展诊断改进的思路进行。本书第二章已经对诊改的 8 字形螺旋进行了简要介绍，本部分将结合案例，对学院诊改螺旋的设计与运行进行分析。

（一）学校层面

1. 诊改流程

学校层面诊断与改进关注学校核心竞争力，依托数据平台的数据反馈和评估，结合年度目标绩效考核，实时地、持续地自我改进。根据"十三五"规划和优质校建设目标，层层分解落实到教学部门以及职能处室，明确各项工作执行主体，确定建设目标、标准和任务。学校层面质量改进流程如图 5-3 所示。

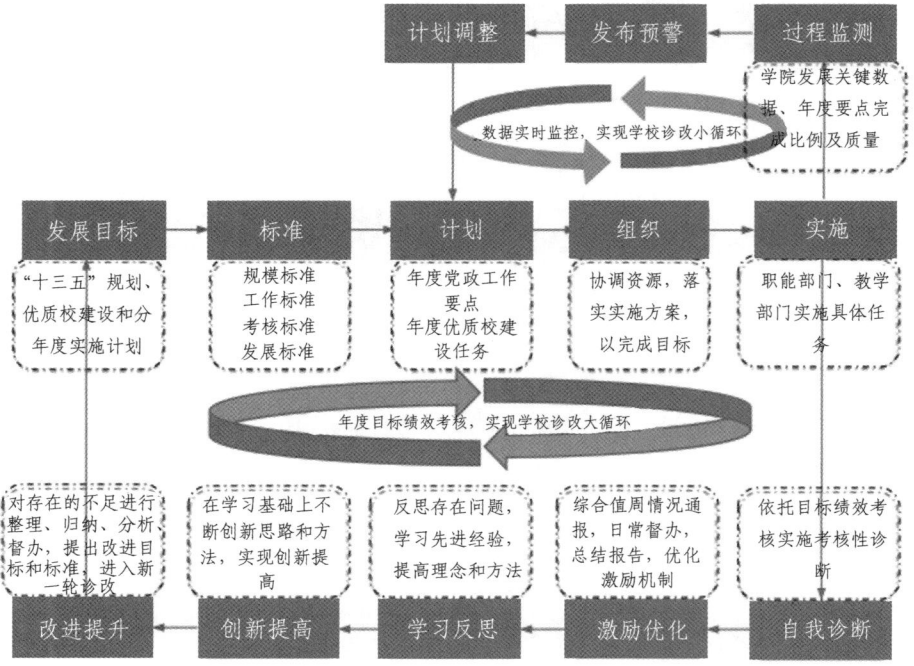

图 5-3 学校层面质量改进螺旋

2. 实施步骤

学校层面诊改实施步骤如下：

（1）根据学院"十三五"教育事业发展规划、全国优质高职院校建设方案确定学校层面的建设和发展目标，根据"十三五"发展规划关键指标、党代会工作报告关键指标、高职院校各类50强、高等教育事业统计调查表/状态数据平台填报涉及的关键指标，结合实际设置学校层面的诊断点，并确定诊断点的规划标准值（预警值）、规划目标值，填写在学校层面年度目标任务分解表中。

（2）按照学院"十三五"事业发展规划、全国优质高职院校建设方案和党代会工作报告，二级部门分阶段（即诊断周期）制订建设计划。

（3）二级部门结合学院所设定的规划目标值，确定负责诊断点的年度目标值，填写在学校层面年度目标任务分解表中。

（4）二级部门对各个诊断点状态进行实时监测，按照当前诊断周期所设定的预警值进行监测预警，根据预警结果，分析原因，调整优化建设任务和计划。

（5）二级部门整合相关资源，组建团队，确定分工和诊断点负责人，明晰团队成员的具体建设任务，实施学校层面建设各项工作。

（6）二级部门开展本诊断周期的自我诊断，各部门学校层面建设团队和诊断点的负责人通过比较诊断点周期初始值、实际终值、预警值和目标值，诊断出是否达标的结论，并对存在问题和不足进行自我分析，提出下一周期改进措施。

（7）二级部门学校层面负责人结合诊断和分析结果，给出该部门诊断与改进的自诊报告，做出诊断总体分析，提出改进措施。

（8）继续加强反思，深化学习，寻找激励突破点，创新思维和方法，为下一轮学校层面诊断与改进做好准备。

（9）进入下一轮学校层面诊断与改进。在上一轮诊断周期结束时，周期实际终值自动转为下一轮的周期初始值。

（10）在以上环节中，学院通过开展院领导综合值周、日常督办、工作情况通报、年度总结、目标绩效考核等,对过程进行监控,促进学校层面的诊断与改进。

(二)专业层面

1. 诊改流程

整体上,专业层面诊断与改进以各个专业建设团队为主体,围绕专业建设"十三五"子规划和高水平专业建设目标,以培养符合产业发展和岗位需求的人才为目标,以人才培养方案为准则,以专业建设方案为依据,聚焦人才培养质量、专业服务产业和社会发展能力、专业影响力等关键指标,建立如图 5-4 所示的专业层面质量改进流程。

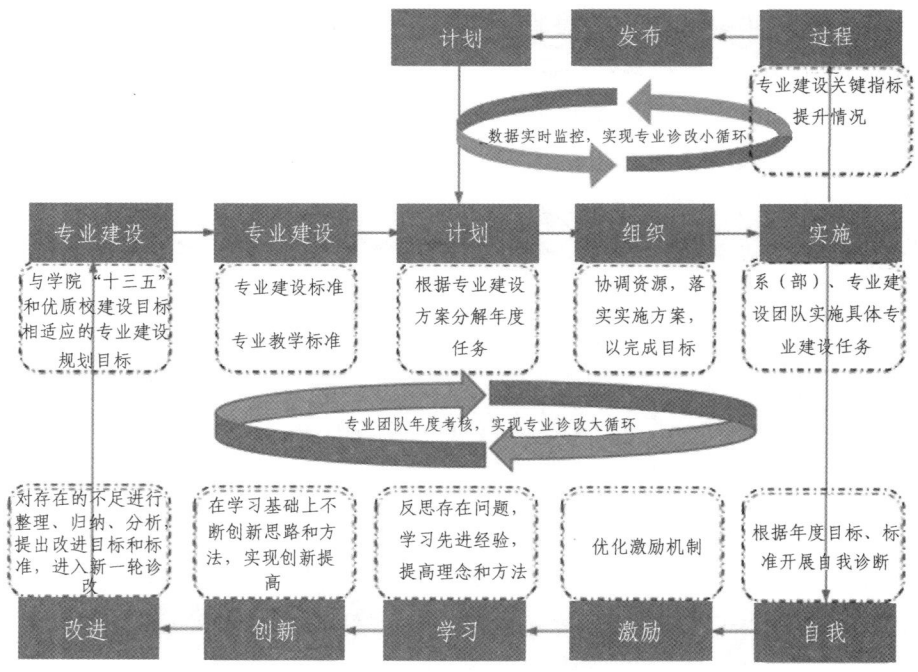

图 5-4 专业层面质量改进螺旋

2. 实施步骤

专业层面诊改实施步骤如下:

（1）根据学院"十三五"专业建设子规划和优质校建设项目中关于高水平专业建设的目标描述确定本专业的建设和发展目标，确定专业规划目标值和规划标准值（预警值）等，填写专业层面年度目标任务分解表。各专业可根据自身发展定位，参考专业层面诊改规划标准参考拟定自身的规划目标值和规划标准值，也可以根据实际情况对诊断点进行适当增删。

（2）各专业团队结合本专业所设定的规划目标，分周期（年度）分解目标任务，填写专业层面年度目标任务分解表。

（3）在某诊断周期内，确定该周期的周期目标值、预警值等，填写专业层面自我诊断用表。

（4）按照专业建设方案，分阶段（即某个诊断周期，可为自然年或学年）制订建设计划。

（5）整合相关资源，组建团队，确定分工和诊断点负责人，明晰团队成员的具体建设任务，实施专业建设各项工作。

（6）对各个诊断点状态进行实时监测，按照当前诊断周期所设定的预警值进行监测预警，根据预警结果，分析原因，调整优化建设任务和计划。

（7）开展本诊断周期的自我诊断，填写专业层面自我诊断用表，专业建设团队和诊断点负责人对周期实际终值与周期目标值进行比较，给出是否达标的结论，并对未达标情况进行自我分析，提出下一步改进的措施。

（8）专业负责人结合诊断和分析结果，给出该专业诊断与改进的自诊报告，做出诊断总体分析，提出改进措施。

（9）继续加强反思，深化学习，寻找激励突破点，创新思维和方法，为下一轮专业层面诊断与改进做好准备。

（10）进入下一轮专业诊断与改进。在上一轮诊断周期结束时，周期实际终值自动转为下一轮的周期初始值。

（三）课程层面

1. 诊改流程

课程层面质量改进流程如图 5-5 所示。

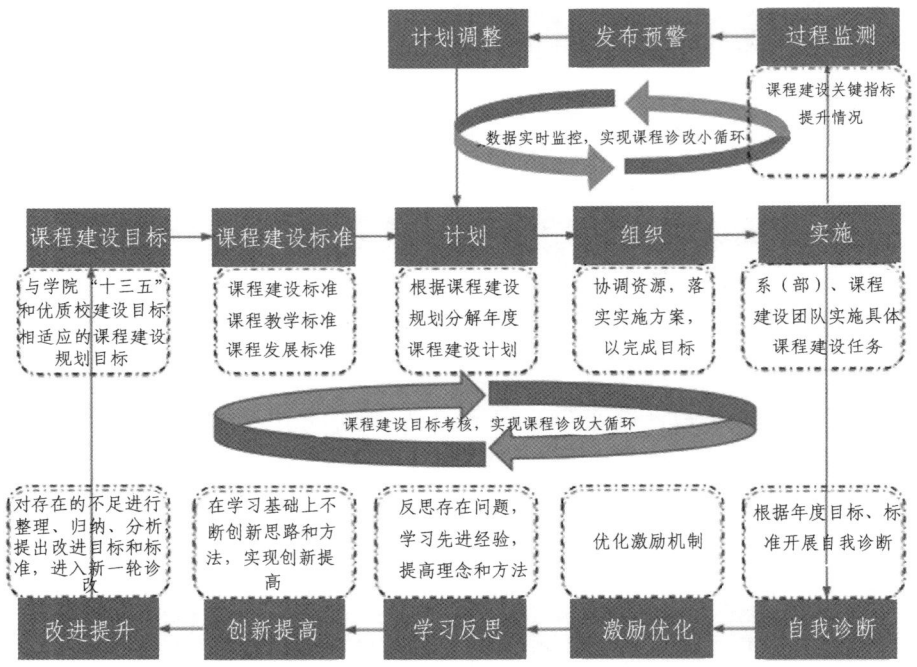

图 5-5　课程层面质量改进螺旋

2. 实施步骤

课程层面诊改实施步骤如下：

（1）根据学院课程建设规划确定本课程的建设和发展目标，确定课程建设与实施规划目标值和规划标准值（预警值）等，填写课程层面年度目标任务分解表。各课程建设团队可根据自身目标定位，参考课程层面诊改规划标准拟定本课程的规划目标值和规划标准值，也可以根据实际情况对诊断点进行适当增删。

（2）各课程建设团队结合本课程所设定的规划目标，分周期（年度）分解目标任务，填写课程层面年度目标任务分解表。

（3）在某诊断周期内，确定该周期的周期目标值、预警值等，填写课程层面自我诊断用表。

（4）按照课程建设方案，分阶段（即某个诊断周期，可为自然年或学年）制订建设计划。

（5）整合相关资源，组建团队，确定分工和诊断点负责人，明晰团队成员的具体建设任务，实施课程建设和实施各项工作。

（6）对各个诊断点状态进行实时监测，按照当前诊断周期所设定的预警值进行监测预警，根据预警结果，分析原因，调整优化建设任务和实施计划。

（7）开展本诊断周期的自我诊断，填写课程层面自我诊断用表，课程建设团队和诊断点负责人对周期实际终值与周期目标值进行比较，给出是否达标的结论，并对未达标情况进行自我分析，提出下一步改进的措施。

（8）课程负责人结合诊断和分析结果，给出该课程诊断与改进的自诊报告，做出诊断总体分析，提出改进措施。

（9）继续加强反思，深化学习，寻找激励突破点，创新思维和方法，为下一轮课程层面诊断与改进做好准备。

（10）进入下一轮课程诊断与改进。在上一轮诊断周期结束时，周期实际终值自动转为下一轮的周期初始值。

（四）教师层面

1. 诊改流程

教师层面诊改实施办法具体规定了教师层面诊改的工作流程，其中包括了教师层面诊改每个周期启动的时间和结束的时间，教师层面诊改如何制定相关的目标和标准，诊断周期内如何对每个指标设置的目标进行考核，以及相关的政策依据。

教师层面的诊改按"以教师个人为质量主体"的理念实施，考虑三个方面因素：一是学院人才队伍建设目标，二是教学系（部）人才队伍建设目标，三是教师个人发展规划目标。三个方面形成一个金字塔形的关联，目标和任务层层分解，最终落脚点是每一位教师。教师个人发展规划的准确性和完成度最终决定学院人才队伍建设目标的实施效果。

教师层面诊改将从教书育人、专业能力、双师素质、专业和课程建设、科研和社会服务能力等方面确定诊断点和参考目标、标准，明确诊断、改进和效果评估的方式和路径。通过诊改，教师师德师风更加高尚，专业素质显著提升，教学与教研水平显著提高，科研与社会服务能力显著提高，学生教育与管理水平显著提高。教师层面质量改进流程如图 5-6 所示。

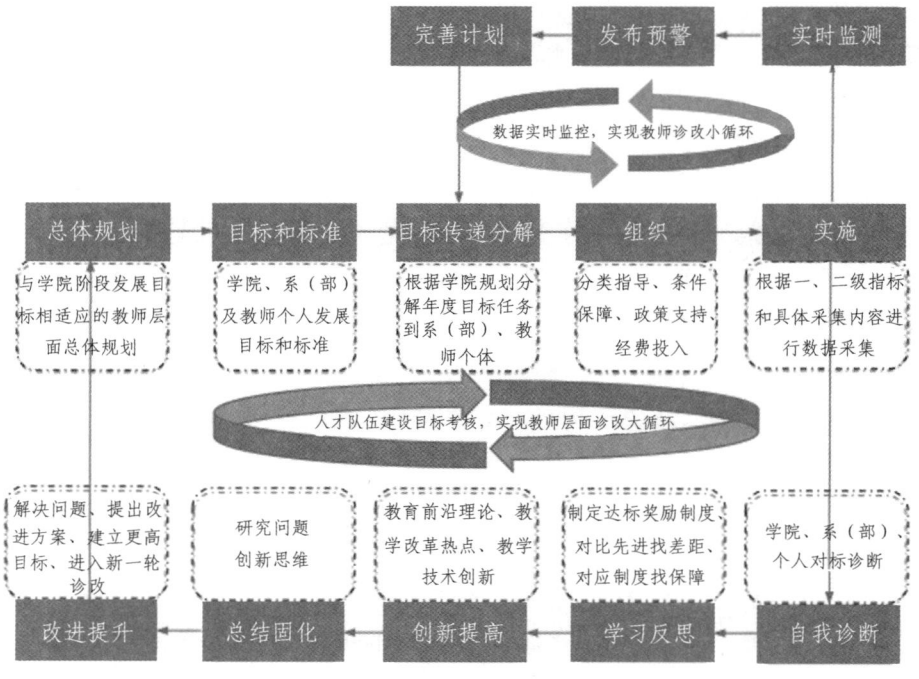

图 5-6　教师层面质量改进螺旋

2．实施步骤

教师层面诊改实施步骤如下：

（1）明确学院"十三五"人才队伍建设专项规划。

（2）系部根据学院人才队伍建设专项规划，结合自身实际情况和特点，制定系部周期任务，建立本部门建设规划。周期任务的最低要求必须根据"十三五"规划的目标传递原则，保证学院专项规划的顺利实现。

（3）教师个人根据系部人才队伍建设专项规划，结合自身实际情况和特点，与系部共同商定个人周期任务，建立个人建设规划。周期任务的最低要求必须能支撑上级规划的最低要求，保证系部专项规划的顺利实现。

（4）组织人事处确定学院的规划目标值和规划标准值；组织人事处会同相关综合部门确定教学系（部）的规划目标值和规划标准值；教学系（部）会同教师本人确定教师个人的规划目标值和规划标准值。

（5）各层级的负责部门根据诊断周期维护周期初始值，系统建立后，在上一轮诊断周期结束时，周期实际终值自动转为下一轮的周期初始值。

（6）每个诊断周期结束后各层级诊断点负责部门维护周期目标值。

（7）采集周期性数据。

（8）各层级诊断点负责部门维护日常监控诊断实施进度，合理提出改进措施。

（9）诊断周期结束后，对周期实际终值与周期目标值进行比较，给出是否达标的结论。各层级诊断点负责部门给出下一轮该诊断点的改进方法。

（10）各层级诊断点负责部门给出所负责层面的教师诊断与改进的自诊报告单，做总体分析。

（五）学生层面

1. 诊改流程

学生层面诊断与改进以学生为主体，围绕"十三五"子规划和优质校建设目标，以提升学生素质、促进学生发展为目标，以人才培养方案为准则，以大学生职业素养与职业发展教育培养计划为依据，聚焦学生学业发展、素质发展、个性发展等关键指标，建立如图 5-7 所示的学生层面质量改进流程。

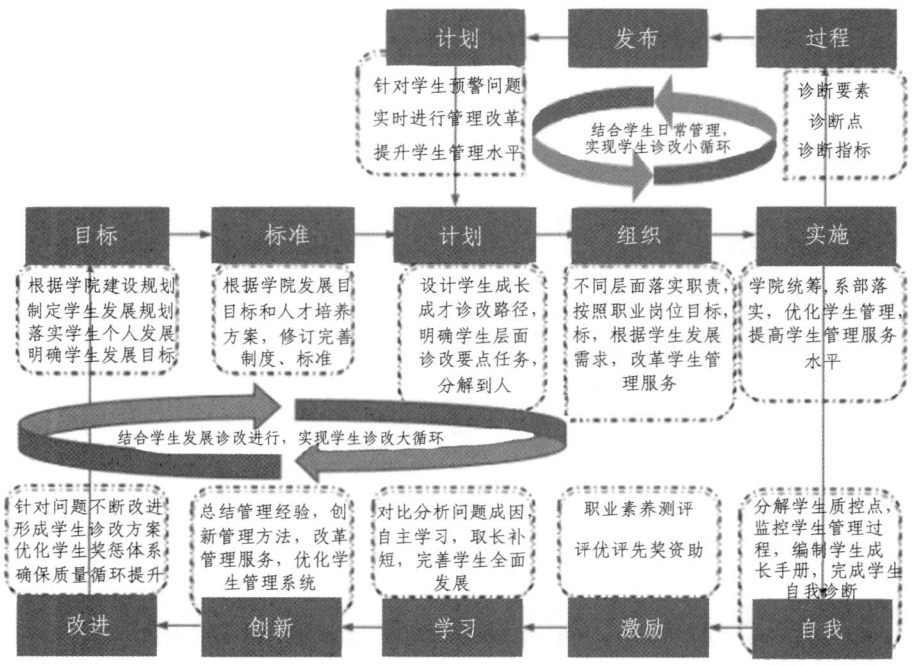

图 5-7 学生层面质量改进螺旋

2. 实施步骤

学生层面诊改实施步骤如下：

（1）依据学院"十三五"规划和学院优质院校建设方案中"学生素质提升工程"确定学生层面诊改目标和标准，其目标为"提升学生素质，促进学生发展"，其目标值为"百千万"人才培养，与之对应的标准为"行业精英人才、卓越人才、技术技能人才"。

（2）学生工作部将学生层面目标值分解到各系，各系根据"全面提升素质，促进学生人人成才"的目标要求，结合自身特点和实际，将系部目标以分解目标值为最低要求，建立本部门诊改规划。

（3）各系部将目标传导到学生个人，学生个人根据自身特点和实际，以落实分解任务为最低要求，建立个人发展规划，包括但不限于学业发展规划、素质发展规划和个性发展规划所列项目，辅导员指导学生编制填写学生个人发展手册。

（4）学生工作部会同相关职能部门建立学生层面诊断指标体系，确定以"学期"为学生层面个人诊断周期，初始化学生层面规划目标值和规划标准值。

（5）各层级负责部门根据诊断周期维护周期初始值，系统建立后，在上一轮诊断周期结束时，周期实际终值自动转为下一轮的周期初始值。

（6）每个诊断周期结束后各层级诊断点负责部门维护周期目标值。

（7）采集周期性数据。

（8）各层级诊断点负责部门维护日常监控诊断实施进度，合理提出改进措施。

（9）诊断周期结束后，对周期实际终值与周期目标值进行比较，给出是否达标的结论。

（10）各层级诊断点负责部门给出所负责层面的学生诊断与改进的自诊报告单，做总体分析。

第二节　体系运行成效

几年来，经过不同阶段的质量建设，学院内部质量保证体系进一步完善，通过"五纵五横两驱动一平台"的设计，体系从建设到运行基本实现了对内部质量问题的保证。在学院总体诊改方案下，各个层面及平台形成了内部质量保证体系建设与运行手册，进一步细化了工作路径，具有很强的操作性，保证了体系运行的成效。本节将展示各个层面诊改中的部分典型案例，让读者更为直观地感受学院内部质量保证体系建设与运行的成效。

一、学校层面

（一）全员参与的质量主体意识进一步激发

通过目标链和标准链的打造，学院"十三五"事业发展规划、优质校建设目标和党代会决定的目标显性化，并实现了与年度重点工作的衔接，有效传递到专业、课程、教师和学生层面，激发了各层面质量主体的积极性。通过诊改工作，变管理为治理、变被动为主动的质量意识进一步深入人心，质量管理和质量评价由零散向系统、由模糊化向定量化、由运动式向常态化的转变正在形成。

（二）内部治理体系进一步完善

通过制定五个层面的《诊改工作手册》，固化了诊改运行流程。在两年多的诊改中，先后完善了《规章制度管理办法》《教师教学能力大赛管理办法》《学生实践技能大赛管理办法》《目标绩效考核管理办法》《教学专项管理办法》等 73 个制度和办法，学校内部质量体系不断完善，治理能力不断提高。

（三）补短板成效明显

对诊改发现的问题，下大力气解决。课程资源建设成效显著，投入近 700 万元大力推进课程资源建设，以资源建设促进教学改革，不断提升师生获得感，建成省级精品在线开放课 7 门，共享程度更高。信息化教学覆盖面大大提升，依托"云班课"和"学习通"等，积极推行"线上线下混合式"教学，94%的专任教师采用信息化手段实施教学，学生课堂参与度极大提高。高层次人才引培力度大，近两年，先后引进 4 名博士、3 名教授，新增大师和名师工作室 7 个。教师参加校内外各级各类大赛人数持续上升；学生创新创业能力提升明显，获奖实现突破，孵化 56 个项目，项目产值达 827 余万。

（四）人才培养质量显著提升

通过近三年的内部质量保证体系建设和诊断改进工作，学院内涵建设和人才培养质量取得了优异成绩。2017年，进入四川省优质高等职业院校建设立项单位，2019年顺利通过项目认定，成为全国200所优质高等职业院校之一，成功入选"双高建设计划"高水平A类专业群建设行列。作为首批现代学徒制试点单位，顺利通过验收，11个项目获国家创新发展行动计划认定。2017年获得省级教学成果奖5项，2018年获得国家教学成果奖2项。入选全国"育人成效50强""教学资源50强""服务贡献50强"，为四川交通运输事业发展和区域经济发展做出了积极贡献。

二、专业层面

（一）学院整体专业诊改成效

经过内部质量保证体系的建设与运行，学院专业诊改呈现良好的效果，主要表现在以下几方面。

1. 人才培养质量高

通过近年发布的第三方调查报告可知，毕业生就业率稳定在96%以上，且呈现稳定上升趋势，就业落实情况好。通过就业地区分布和行业占比可知，交通运输大类毕业生超80%能立足交通运输行业，服务区域经济发展。同时，全校专业对口率在2017年之后稳定在67%以上，教学工作满意率达到91%，高于全国高职平均水平，说明专业培养效果有所提升，教学工作开展成效良好。

2. 学生竞赛成果丰

在第45届世界技能大赛中，学院有6名选手参加4个项目的全国选拔赛，有3人进入国家集训队。在第46届世赛中，学院有10名选手进入6个项目的省集训队。学院7名选手代表四川队6个项目出征2020年12月举办的中华人民共和国第一届职业技能大赛，1名选手代表交通运输部1个项目出征，最终学院参与的6个项目全部获奖，获得1金2银4优胜奖的佳绩。

3. 学生学业进步较明显

近三年，学生平均学分绩点由 2.3 提升至 2.38，呈现逐年提升趋势；红色警示的人数占比从 1.54%下降至 1.39%，呈下降趋势。

4. 教师主动性提升

诊改进行以来，参加教师教学能力大赛的教师数明显增加。2021年，学院专任教师 100%参加了职业院校教师教学能力大赛，获奖数量及等级也逐年递增。

5. 教学改革成效显

围绕教学模式改革，以教学专项为抓手，加大了教改的研究力度和深度，取得了明显的成效。学院获得四川省第八届教学成果奖奖励一等奖 1 项，二等奖 2 项，三等奖 2 项；获国家教学成果奖励二等奖 2 项。

（二）专业诊改个案

2020 年环境艺术设计专业（E 学院一流）自诊报告

1. 自我诊改概述

（1）主要问题。

师资数量和生师比未达标，但与上一年相比差距在缩小；教师参与竞赛所取得的成绩未满足规划；实训室人均设备值未达标，且差距较上一年有所扩大；生均实训室场地面积未达标。

（2）改进措施。

充分论证，向学院提交师资需求计划，以解决专业教师不足的问题；加大教师培训力度和范围，特别是教师在学生竞赛指导上的业务培训，需成为下一年师资培训的重点内容；已向学院提交新建软装饰研发实训室需求，同时开拓校企合作共用实训室，利用企业资源，以突破实训室面积不够的困境。

（3）意见建议。

对实训室达标标准进行调整，同时增加师资的培养力度。

（4）改进成效。

师资补充虽未能如愿，但外聘师资的聘用对师资缺口有一定缓解作用；专业师资能力有了明显提升，成立了专业竞赛小组，为明年比赛的完成提供了保障；系部已经同意购置新型教学设备，手续还未到学院立项阶段；当前学院没有足够空间来完成场地扩建任务，但软装饰研发实训室待新教学楼投入使用后一并新增，届时能满足专业发展需要；通过校企合作基本解决了数字艺术实训室使用问题，但未能从根本上解决校内实训场地不足问题，目前正在和温江花协商谈，力求解决景观方向的实训室共用问题。

2. 未完成目标统计表

质控点名称	质控点内涵	诊断标准	标准值	目标值	本次结果
2.2.2 数量与结构	百分比	本专业专业课教师生师比	32.00%	32.00%	47.00%
原因分析	专业因政策原因新增了学生，师资并未增加				
改进措施	做好论证，提交师资引培计划				
2.3.2 师资水平	人数	本专业教师参加省级大赛获奖增量（人）	2	1	0
原因分析	参加预备赛未能比赛出应有水平				
改进措施	成立竞赛团队，争取明年完成任务				
3.1.3 培养方案中课程体系设置	课程门数	本专业省级在线开放课程门数增量（门）	1	1	0
原因分析	正在建设，目前还未到结题时间				
改进措施	加大建设力度，争取顺利结题				
4.1.1 实践教学条件	平方米	校内实训基地面积累计数（平方米）	4000	450	250
原因分析	学院总体场地少，未能给本专业提供足够的场地				
改进措施	配合新教学大楼投入使用，提交实训场地使用需求				
4.1.2 实践教学条件	万元	校内实训基地生均设备值（万元/人）	0.45	0.50	0.45
原因分析	学生增加较多，设备增加速度不足，原有设备淘汰部分				
改进措施	已提交设备购置申请				

3. 预警信息记录表

暂无预警记录。

4. 目标监测统计表（部分）

一级指标	二级指标	质控点	内涵	标准值	目标值	本次结果	本次等级
1 专业定位与人才培养	1.1 专业定位	1.1.1 专业定位	文件	是	是	是	Y
	1.2 专业建设规划	1.2.1 专业建设规划	文件	是	是	是	Y
	1.3 专业人才培养	1.3.1 专业人才培养	文件	是	是	是	Y
2 师资队伍	2.1 专业带头人	2.1.1 专业带头人	文件	是	否	否	N
	2.2 数量与结构	2.2.2 数量与结构	百分比	32.00%	32.00%	47.00%	Y
	2.3 师资水平	2.3.1 师资水平	百分比	75.00%	85.00%	85.00%	Y
3 课程体系与课程改革	3.1 培养方案中课程体系设置	3.1.1 培养方案中课程体系设置	百分比	50.00%	60.00%	60.00%	Y
	3.2 专业课程资源情况	3.2.1 培养方案中课程体系设置	课程门数	6	1	1	N
	3.3 专业资源库建设情况	3.3.1 专业资源库建设情况	个数	1	0	0	N
	3.4 教学实施情况	3.4.1 教学实施情况	百分比	85.00%	80.00%	85.00%	Y
	3.5 教改成果	3.5.1 教改成果	个数	3	1	1	N
4 实践教学	4.1 实践教学条件	4.1.1 实践教学条件	平方米	4000	450	250	N
		4.1.2 实践教学条件	万元	0.45	0.50	0.45	Y
		4.1.3 实践教学条件	个数	20	3	3	N
	4.2 实践教学效果	4.2.1 实践教学效果	百分比	40.00%	35.00%	36.00%	N
		4.2.2 实践教学效果	百分比	100.00%	90.00%	90.00%	N
		4.2.3 实践教学效果	获奖项	2	1	3	Y
		4.2.4 实践教学效果	获奖项	1	1	3	Y
5 社会评价及社会服务	5.1 招生情况	5.1.1 招生情况	百分比	92.00%	90.00%	90.00%	N
6 校企合作与国际交流	6.1 校企合作	6.1.1 校企合作	个数	15	1	1	N
		6.1.2 校企合作	百分比	30.00%	0.00%	0.00%	N
		6.1.3 校企合作	百分比	10.00%	35.00%	35.00%	Y

三、课程层面

(一)学院整体课程诊改成效

一是经历了反反复复学,边学边做到真真切切悟,边悟边推的过程,大家的自主质量意识得到了提升,正在逐步从被动转向主动。

二是经历了从悟到行的过程。通过内部质量保证体系的运行,固化了工作流程,形成的课程层面工作手册,有效推动了诊改工作向日常转变,质量得到了提升。

三是课程建设成效显。2020年新增2个国家职业教育专业资源库建设立项,各级在线开放课程的建设数量也大幅增加。

四是社会评价有提高。连续两年获得高等职业院校"社会服务贡献50强"和"教学资源50强",2018年入选高等职业院校"育人成效50强"。

(二)课程诊改个案

2020年工程制图与AutoCAD课程(C院级精品)自诊报告

1. 自我诊改概述

(1)主要问题。

视频及教学资源增量缓慢,学生选课人数增长缓慢,校企合作不能满足需求课程要求。

(2)改进措施。

视频教学资源中增加部分录屏资源,作为后备使用;通过立项教学专项申请资源建设经费;加大建设力度,建完后开设选修课程并向校外开放,增加选课学生数量;与校企合作单位进行协商,为课程开发提供素材,新添加校企合作单位。

(3)意见建议。

资金预算提前报备,重点完成视频资源建设任务。

(4)改进成效。

立项1门教学专项建设项目,解决了部分资源建设的资金缺口。

同时，以高质量的录屏资源做补充，教学资源在数量上获得较大程度提升，对比同类型院级精品在线课程，资源建设已处于较高水平，但离省级精品在线开放课程的质量标准还有较大差距；通过校内选修和向校外开放，学生选课数量明显增加；校企合作单位增加，为课程建设提供了资源帮助。

2. 未完成目标统计表

质控点名称	质控点内涵	诊断标准	标准值	目标值	本次结果
3.4.1 课程开放程度	年度选课人数总数	课程选课人数（人）	1500	270	240
原因分析	学生总体数量有限，且课程未建设完成，未能开展校外选课和选修				
改进措施	加大建设力度，建完后开设选修课程和向校外开放，增加选课学生数量				

3. 预警信息记录表

暂无预警记录。

4. 目标监测统计表

一级指标	二级指标	质控点	内涵	标准值	目标值	本次结果	本次等级
1 课程建设规划与目标	1.1 课程规划	1.1.1 课程规划	是否：准确/不准确	是	是	是	Y
		1.1.2 课程规划	国家级/省级/院级/系级	是	是	是	Y
		1.1.3 课程规划	是否：支撑/不支撑	是	是	是	Y
		1.1.4 课程规划	有/无	有	有	有	Y
	1.2 课程实施标准	1.2.1 课程实施标准	有/无	有	有	有	Y

续表

一级指标	二级指标	质控点	内涵	标准值	目标值	本次结果	本次等级
2 课程团队建设	2.1 课程团队配置	2.1.1 课程团队配置	承担本课程教学任务的专任教师数（人）	6	2	3	N
		2.1.2 课程团队配置	是否达到中级职称	是	是	是	Y
3 资源建设	3.1 教学资源	3.1.1 教学资源	是/否	是	是	是	Y
		3.1.2 教学资源	有/无	有	有	有	Y
		3.1.3 教学资源	年度增量（分钟，多少个）	10	20	28	Y
		3.1.4 教学资源	年度增量（个）	1000	800	860	Y
		3.1.5 教学资源	年度增量（个）	30	20	20	Y
	3.2 教材选用和建设	3.2.1 教材选用和建设	是/否	是	否	否	N
	3.3 实训室资源建设	3.3.1 实训室资源建设	是/否	是	否	否	N
	3.4 课程开放程度	3.4.1 课程开放程度	年度选课人数总数	1500	270	240	N
		3.4.2 课程开放程度	当年比例值	50.00%	50.00%	0.00%	N
4 教学实施	4.1 课堂（实训)教学	4.1.1 课堂（实训）教学	当前缺课比例	0.00%	0.00%	0.00%	Y
	4.2 教学实施的计划性	4.2.1 教学实施的计划性	年度授课计划比例	100.00%	90.00%	90.00%	N
5 课程教学达成度	5.1 教学质量	5.1.1 教学质量	年度考核通过率	95.00%	90.00%	90.00%	N
	5.2 课程教学达成度	5.2.1 课程教学达成度	年度满意度比例	85.00%	85.00%	90.00%	Y

四、教师层面

（一）学院整体教师诊改成效

学校建立了教师个人发展自我诊改制度，有明确的目标链和标准链。教师个人发展规划根据专业或课程建设规划及教师自身基础情况，由教师个人和系（部）共同讨论制定。按照上下衔接、左右贯通的原则，教师个人规划与系部、学院"十三五"规划目标相关联，且有明确的目标链与标准链方案，有制度及资金保障。

1. 内部质量保证体系更加完善与成熟

（1）目标链上下衔接、左右贯通。纵向从学校层级到系（部）层级到教师个人层级级级传递；横向由专业层面、课程层面向教师个人层层传递。教师的个人发展规划，由系部和教师结合专业课程发展及个人基本情况共同讨论制定，目标链共制定了三类目标任务分解表，其中学院和系部3个一级指标，22个二级指标；专兼职教师5个一级指标，25个二级指标；辅导员5个一级指标，27个二级指标。

（2）标准链有法可循。通过12项制度从准入、考核评价、激励、职称晋升、培训培养和师德等方面制定了教师发展标准，从宏观来看，目前系部层级根据专业层面的传递，制定了5类标准，教师层级按专兼职教师和辅导员分类，分别制定了4类和3类标准，同时对应目标中的每一条指标，标准链都制定了明确的执行标准和对应制度，内容清晰，理解方便。

（3）8字螺旋运行平稳有序。教师层面诊改一年为一个大周期，半年为一个小周期，数据采集每半年一次，诊改报告每一年一次。通过标准化格式的信息平台采集，系部、教师填报方便快捷，数据环环相扣，层层相连。

2. 进一步理清了人事制度改革的思路和方向

诊改前，学院还缺乏系统的、成体系的人事制度管理机制，教师发展相关评价和考核指标缺乏量化，教师队伍和个人发展的信息化平台有待建设。诊改期间，学院成立了教师发展中心，人事处修订了《编外专业技术及管理人员聘用管理办法》《教职工继续教育管理办法》《专业技术职务评审工作实施办法》等相关管理制度，建立起相对成体系、闭合的教师管理、考核和激励机制，从机构和制度上为教师发展问题提供了服务保障；建立了可量化、可监测的目标链和标准链；建立了集生涯规划、考核、监控、预警等功能于一体的教师诊改信息化平台，初步形成了常态自我定位、持续改进提升、不断超越目标的共识。

3. 教师个人发展主体意识明显增强，激发了内生动力

诊改过程中，教师缺乏明确的个人发展规划现象较为普遍，教师对于学院发展、考核评级缺乏关注，处于被动接受状态。通过诊改，带动教师科学制定个性化的发展规划，促进个人发展和学院发展的统一。通过职称考评、年度考核等激励机制的完善，助力教师关注自身发展长处及缺陷，大大增强了教师的质量保证主体意识。

（二）教师诊改个案

2019 年教师个人（C 骨干教师）自诊报告

1. 自我诊改概述

（1）主要问题。

主要问题集中在科研能力不强，科研项目数量、科研成果、学历进修、专业技术职务提升等一系列目标值未能达到预期。

同时，缺少企业顶岗锻炼和一线工作经历。

（2）改进措施。

多参加科研及相关业务能力提升培训，主动学习，多申报科研项目，尤其是厅级以上科研项目。

（3）意见建议。

增强基于交通领域的信息化建设的深入研究。

（4）改进成效。

在教研能力、育人能力上改进幅度较大。

2. 未完成目标统计表

质控点名称	质控点内涵	诊断标准	标准值	目标值	本次结果
1.1.1 学历或学位	文件	是否研究生学历/硕士学位	是	是	否
原因分析	短期无考研目标				
改进措施	后续找时机进行学历进修				
1.2.1 专业技术职务	文件	是否副高及以上	是	是	否
原因分析	未达到专业技术职务评审年限,离评审所需业务要求还有差距,最主要是指导学生竞赛和核心期刊的发文方面				
改进措施	重点关注学生指导和论文发表,积累职称评审材料				
2.3.1 企业一线工作经历	文件	是否有企业工作经历	是	是	否
原因分析	系上顶岗实习名额紧张				
改进措施	计划明年下半年企业顶岗锻炼				

3. 预警信息记录表

暂无预警记录。

4. 目标监测统计表(部分)

一级指标	二级指标/质控点	内涵	标准值	目标值	本次结果	本次等级
1 基本专业能力	1.1.1 学历或学位	文件	是	是	否	N
	1.2.1 专业技术职务	文件	是	是	否	N
2 双师素质	2.1.1 年参加培训多少学时(一天8学时)	文件	80	80	120	Y
	2.2.1 顶岗锻炼	文件	是	否	否	N
	2.3.1 企业一线工作经历	文件	是	是	否	N
3 专业和课程建设	3.1.1 加入教学团队	文件	是	是	是	Y
	3.2.1 参加课程建设	文件	是	是	是	Y
	3.3.1 参加教学能力大赛	文件	是	是	是	Y

续表

一级指标	二级指标/质控点	内涵	标准值	目标值	本次结果	本次等级
3 专业和课程建设	3.6.1 参加人才培养方案制定	文件	是	是	是	Y
	3.7.1 参加专业发展规划制定（参与排名位数）	文件	是	是	是	Y
	3.8.1 年均承担教学工作量	文件	80	500	576	N
	3.9.1 主持或参与在线开放课程	文件	是	是	是	Y
	3.10.1 主持或参与信息化教学改革工作	文件	是	是	是	Y
4 科研和社会服务能力	4.1.1 主持省厅级及以上纵向科研项目 1 项	文件	是	否	否	N
	4.2.1 主持或参与横向科研项目 1 项	文件	是	否	否	N
	4.3.1 公开发表专业论文 1 篇	文件	是	是	是	Y
5 教书育人	5.1.1 存在有效投诉	文件	否	否	否	
	5.2.1 年终师德师风考评结果为合格及以上	文件	是	是	是	Y
	5.3.1 担任创新创业指导	文件	是	是	是	Y
	5.4.1 担任学业指导教师	文件	是	是	是	Y
	5.5.1 指导学生技能大赛	文件	是	是	否	N

五、学生层面

（一）学院整体学生诊改成效

1. 学生内生动力激发

经过诊改，学生对自身发展的关注度明显提高。从数据反映来看，2019—2020 两年间，图书借阅量从 9 071 591 本增加到 10 032 131，学生社团活动参加人次由 28 260 增加到 29 014，学生创新创业项目从 32 个增至 43 个，显示出学生发展自我的目标更明确、意愿更强烈。

2. 育人成效显著

育人成效主要反映在促进学生素质能力提升上。2019—2020 年，学生素质类获奖由 106 项提升至 193 项，行业精英、卓越人才、技术技能人才实现梯级培养和逐级提升。行业精英达标人数由 31 人升至 38 人，卓越人才由 360 人升至 515 人，技术技能人才由 3 809 人升至 3 684 人，有效提升了人才培养质量。

（二）学生诊改个案

2019—2020 学年第二学期学生个人（B 卓越人才）自诊报告

1. 自我诊改概述

（1）主要问题。

一是未参加社团活动；二是未留意到相关信息，错过安全演习；三是自身能力不够，达不到执业资格证书的要求，因此未取得相关证书；四是因名额有限，未参加创业创新实践；五是未取得普通话水平等级证书；六是自身掌握技能不足，练题量不够，缺乏坚持，未取得计算机二级等级证书。

（2）改进措施。

一是，自己抽出空余时间来练习书法，每天练习半小时；二是多留意班级通知，积极参加安全演习训练；三是积极参加技能竞赛，让课堂学习、日常技能训练和技能等级证书考试结合起来；四是及时关注创新创业培训学院的通知，合理安排好与课程安排的时间关系，并向优秀学长请教；五是利用语音书籍和设备纠正普通话发音，每天与同学坚持说普通话；六是计算机考试报名之后就时刻关注有没有通过审核，并及时缴费，网上买题库进行刷题练习，每天一次模拟练习。

（3）意见建议。

学院在开展或是组织活动的时候希望能增加名额，让更多的同学能参与其中，通过活动锻炼自己的综合素质能力。

（4）改进成效。

已成功报名参加了社团活动，并且自己的书法作品得到社团认可；已参加安全演习，已报名一个职业能力证书考试，目前正在积极准备中；普通话水平有较大程度提升，通过二级乙等难度不大，但是离二甲还有差距；基本坚持每天练习计算机二级模拟题，测试正确率提升较大。

2. 未完成目标统计表（部分）

质控点名称	质控点内涵	诊断标准	标准值	目标值	本次结果
2.8.1 社团活动	是否达到	参加社团活动	是	是	否
原因分析	由于上学期没有报名成功，就没有参加社团活动				
改进措施	争取在下一学期报名参加社团活动				
2.10.1 安全演习	是否达到	是否参加演习	是	是	否
原因分析	未能及时关注到学院开展的有关进行安全演习的通知和安排				
改进措施	积极关注学院和系上关于安全演习的通知和安排				
2.13.1 执业资格证书和职业能力证书取证	是否达到	取证情况	是	是	否
原因分析	自身的能力与素养不足，达不到职业资格证书的要求				
改进措施	积极了解领取职业资格证书的有关要求有哪些，并积极向这方面靠拢				
3.5.1 普通话水平等级证书	是否达到	是否获得相应的等级证书	是	是	否
原因分析	参加普通话水平考试未通过，普通话说得不够标准，有点口吃				
改进措施	平时与同学用普通话进行交流，克服自己怯场的问题，做到不会因为紧张而出现口吃的现象				
3.6.1 计算机等级证书	是否达到	是否获得相应的等级证书	是	是	否
原因分析	参加二级考试未通过，自身掌握技能不足，练题量不够，缺乏坚持				
改进措施	备战计算机考试，多刷题，每天至少做一套计算机模拟题				

3. 预警信息记录表

暂无预警记录。

4. 目标监测统计表

一级指标	二级指标/质控点	内涵	标准值	目标值	本次结果	本次等级
1 学业发展	1.1.1 学期学分绩点达到 2.5	是否达到	是	是	是	Y
	1.2.1 参加学生技能大赛	参加次数	2	1	1	N
2 素质发展	2.1.1 两课，形势与政策，入学教育，国防教育	是否达到	是	是	是	Y
	2.2.1 党校培训，团校培训	是否达到	是	是	是	Y
	2.3.1 讲座及报告	是否达到	是	是	是	Y
	2.4.1 志愿者活动	是否达到	是	是	是	Y
	2.5.1 文明寝室	是否达到	是	是	是	Y
	2.6.1 争先创优中，受系、院及以上表彰	是否达到	是	是	是	Y
	2.7.1 素质拓展训练	是否达到	是	是	否	N
	2.8.1 社团活动	是否达到	是	是	否	N
	2.9.1 计算机，体育课	是否达到	是	是	是	Y
	2.10.1 安全演习	是否达到	是	是	否	N
	2.11.1 心理健康教育课程	是否达到	是	是	否	N
	2.12.1 社会实践	是否达到	是	是	是	Y
	2.13.1 执业资格证书和职业能力证书取证	是否达到	是	是	否	N
	2.14.1 担任学生干部	是否达到	是	是	是	Y
	2.15.1 职业素养必修课	是否达到	是	是	是	Y
	2.16.1 学业规划	是否达到	是	是	是	Y
	2.17.1 职业规划	是否达到	是	是	是	Y
	2.18.1 职业指导测评	是否达到	是	是	是	Y
	2.19.1 创新创业培训	是否达到	是	是	是	Y
	2.20.1 创业创新实践	是否达到	是	是	否	N

续表

一级指标	二级指标/质控点	内涵	标准值	目标值	本次结果	本次等级
3 个性发展	3.1.1 体育健康测试	是否达到	是	是	是	Y
	3.2.1 心理健康测试	是否达到	是	是	是	Y
	3.3.1 心理健康活动	是否达到	是	是	是	Y
	3.4.1 大学英语等级证书	是否达到	是	是	否	N
	3.5.1 普通话水平等级证书	是否达到	是	是	否	N
	3.6.1 计算机等级证书	是否达到	是	是	否	N
	3.7.1 学历提升	是否达到	是	是	否	N
	3.8.1 第二课堂成绩	是否达到	是	是	是	Y

第六章

反思与改进

第一节 不足之处

四川交通职业技术学院内部质量保证体系在实践中不断运行、持续完善，其本身就是一个自我诊断与改进的过程。没有一个体系是完美的，其运行需要结合外界的要求及变化不断调整。在工作初期，我们发现，四川交通职业技术学院的内部质量保证体系的设计和运行还有一些不足之处。

一、两链打造与实施：动态调整机制尚需健全

在目标和标准设置上，原有的体系中目标和标准的设置较为合理，但动态调整机制尚需健全。

二、螺旋建设和运行：量化数据需进一步丰富

学校层面，采集平台数据尚难支持螺旋运行，线上监测预警功能还不完善。

专业层面，个别专业对诊改中发现问题的原因分析不够深入；诊改方法和手段便捷性不够，专业预警功能尚待进一步开发。

课程层面，对课程建设的诊断体系设置较为完善，但缺少对课堂教学的诊断，且教师的课程诊断报告质量有待提高。

教师层面，教师自我诊改报告缺少量化数据，过程性资料有待完善；教师画像的量化缺乏有效支撑；实时监测预警体系运行有待完善。

学生层面，学生工作诊改报告质量有待提高；学生诊改工作缺乏平台的数据支撑；利用信息化平台实现对学生诊改的监测预警功能还未实现。

三、引擎驱动与成效：整体联动机制需再完善

机制方面，各层面均有各自的质量制度与激励机制，但整个学校层面关于质量保证的组织、协调、督查和部门联动机制尚未完全形成。

考核方面，部门绩效考核中促进自我改进的措施还比较薄弱。

文化方面，质量文化的培育有待进一步强化。

四、平台建设与应用：源头和即时采集还未完全实现

在平台建设顶层设计上，顶层设计尚有优化空间；部分业务系统的融合需加快进行。

在平台建设推进上，平台的应用和信息化服务能力需提升，业务部门、信息化管理部门和技术实施单位的协作需增强；数据源头采集建模和流程需进一步优化和完善；不同异构厂商的数据对接问题需要加快解决。

在平台运行状态与应用上，数据中心运行时间相对较短，数据分析模型建立的科学性和合理性有待加强；诊断点数据设计研究有待加强；数据的源头采集和即时采集有待加强；数据分析和挖掘不够深入；监测预警的覆盖面、有效性和共享性需进一步提高。

第二节 改进策略

在内部质量保证体系的运行实践中，四川交通职业技术学院针对发现的不足，列出了问题清单、任务清单、措施清单和责任清单，制定了翔实可行的整改计划，逐条逐项落实整改。

一、两链打造与实施

进一步梳理目标和标准来源，结合"双高"建设对学院发展提出的新要求，编制学院"十四五"规划，完善顶层设计，找准学院发展定位，明确高水平专业群建设目标与标准，确保质量保证责任落实到各责任部门、责任人，做好目标链和标准链的传递。

秉持"问题导向""标准动态"原则，在一定阶段内保持目标和标准的稳定，结束第一阶段复核任务后，结合学院发展实际，提出围绕专业群建设的新的诊断重点。在完成"两链"的梳理后，以信息平台建设为依托，对各个层面、各个专业、各门课程的诊断指标进行个性化设置，实现了诊断目标标准的动态变化，保证了诊断内容的针对性。

二、螺旋建设和运行

（一）学校层面

2020年3月，各层面责任部门与诊改平台方进行了交流，各层面围绕运行中发现的问题、专家的建议提出了功能改进需求。2020年6月，学院对数据中心建设项目进行了初次验收。项目初步完成了学院数据中心的建设，进一步打破了各个独立业务系统的信息孤岛局面，诊改平台中数据的抽取与分析功能进一步完善，数据池实现了一天一更新、一天一预警，加强了数据的实时监测功能。同时，通过系统内动态标准功能的实现，实现了系统对五个层面诊断的个性化预警。

（二）专业层面

通过对各专业诊改报告的再查阅，发现个别专业的诊断报告过于简单，对问题及原因分析不透彻。通过再次宣贯、逐个指导、优秀案例示范，专业建设团队对诊改工作有了更深刻的认识。在诊断方法上，依托信息平台，大规模使用线上诊断的方式，诊断效率显著提高。目前学院专业层面以专业群为单位开展诊改，建立动态调整的专业和课程诊改标准体系。2020年，已完成修订专业群、专业诊断工作手册，修订后的指标点共 55 个。围绕现阶段建设任务，专业层面诊改以专业群为单位进行情况统计，力图通过诊改，进一步提升学院专业质量。

（三）课程层面

首先，指导课程负责人对诊改要素进行了详细解读，按照"问题—原因—对策"的架构，对诊改报告中涉及的未达标的内容进行了梳理，帮助课程团队进一步理解课程诊改逻辑，理清问题、找到原因、制定对策。同时，组织优秀课程诊改案例交流会，通过示范引领，指导、带动一批课程深度诊改。课程团队诊改意识的提升，促使课程诊改报告质量有了明显提高。新的课程层面诊断指标为 32 个，侧重以教学目标达成度为重点进行分析，力图通过更为细致、深入的指标点设计，找到更多问题。

（四）教师层面

第一，引导教师将个人发展与系部发展、学院发展有机统一，为教师发展不断助力。通过调整教师团队及个人诊断指标体系，结合已修订的《岗位设置管理办法》《绩效考核管理办法》《骨干教师评选办法》等管理办法，不断完善教师发展配套制度。

第二，进一步服务好教师发展。加强学院教师发展中心建设，与学院诊改工作紧密结合，充分利用信息化手段，完成专任教师五年职业生涯规划，让教师聘期任务与学院教育事业发展方向一致，上下衔接，左右贯通，相互支撑；通过外送培训、个别指导、集体沙龙等服务方式构建教师管理和发展支持系统。

第三，积极争取上级政策支持，力争扩大绩效工资基数盘子，扩大绩效奖励额度。压缩各类专项绩效中过程性劳务费支出比例和总额，在据实核增绩效工资中，用好用活社会服务学院统筹部分资金，出台《社会服务项目及奖励绩效发放办法》，对奖励性绩效工资分配方式做结构性调整，重点奖励在教师团队建设、专业建设、课程建设、教师技能大赛等方面取得的高层次、突出性成果，同时统筹考虑各类人员收入平衡。

第四,按照 8 字螺旋,完善教师层面诊改过程设计,确保螺旋运行过程扎实。

第五,通过建设数据中心、打通数据接口,完善诊改平台与办公、人事、教务等数据系统的对接,增加教师数据积累,提高数据采集频率,夯实教师数据基础,丰富画像内容,提高预警能力。

(五)学生层面

在学生工作层面,完善了学生层面诊断手册,以"学工部—辅导员—学生"为传递线,加强对学生的质量意识宣贯,学生个人查找、分析问题的能力得到提升,自我诊改的内生动力得到增强,学生评优评先完成率由 2019 年的 63.7%上升到 2020 年的 77.25%。系统方面,2020 年 6 月,完成学工系统与学院数据中心的对接,学生层面数据信息得到极大丰富,数据采集效率得到极大提高。目前正在通过数据挖掘、智能对比、人工智能等技术,实施学生数据分析,全面掌握学生学习效果、心理健康、兴趣爱好、困难资助等情况,全面分析学生成长轨迹,形成学生电子档案和成长手册。下一步,将加强对学生发展目标达成度的研究,确保诊改到位。

三、引擎驱动与成效

(一)机制方面

2020 年年初,经学院研究决定,质量管理办公室与发展规划处合署办公,以进一步统筹质量目标与标准管理。合署办公后,学校层面质量管理直接责任部门由原质量管理办公室变更为发展规划处,人员组成、职权范围都得到扩充,学校质量保证的组织架构进一步完善,组织、协调、督查和部门联动进行诊改的能力得到增强。

(二)考核方面

针对部分责任部门缺乏内生动力、促进自我改进的措施较为缺乏的情况，一方面，加大宣贯力度，让诊改思想真正内化到每一名教职工日常工作中，增强查找问题、解决问题的内生动力；另一方面，围绕诊改运行过程的关键要素和薄弱环节修订《绩效考核办法》，不一刀切，不一把抓，根据部门工作急难险重程度，完善绩效考核体系，进一步加大考核结果在绩效工资特别是在奖励绩效中的体现，重点加大对在教书育人、专业建设、产教融合、创新创业、科研和技术服务、提升管理效能等方面做出突出贡献人员的奖励。同时，考核结果体现部门差距，奖罚分明，促进部门自我诊改。

（三）文化方面

以"双高"建设为契机，打造校园精品文化活动品牌，加强文化景观建设。弘扬和传承学院"三马"精神，川藏青藏"两路精神"，根据学院文化底蕴，将中华传统文化、交通文化融入学院文化建设，凝练形成特色校园文化。成立校园文化建设领导小组，加强校园文化建设保障，完善校园文化建设的顶层设计。制定分解校园文化建设工作任务。做好校史馆建设规划并组织实施，编制校史、校歌，展示学院发展历程。加强校园文化工作队伍建设，实施美育工程，打造"院—系"两级美育中心，持续开展"三节三赛""奋进新时代中华传统美德天府职教行活动周"、劳模工匠进校园、大师工作室交流等活动，打造融中华传统美德、工匠精神、"三马精神"、交通特色于一身的特色校园文化名片。

四、平台建设与应用

（一）平台建设顶层设计

2020年6月，学院数据中心建设完成并上线运行，以统一数据标准规范各类业务系统，建立数据质量标准和监控体系，实现了学院人、财、物各类业务数据实时开放共享，促进师生全生命周期数据管理，消除了数据孤岛，实现了数据共享、融通。下一步，学院将以校园数据深度融合为基础，以深化信息化教育教学改革和师生服务为重点，以促进学院内部治理和科学决策能力提升为核心，通过制定《数字校园2.0工作推进方案》，实施"数字校园'五个一工程'"，全面提升学院教育现代化应用水平。

（二）平台建设推进情况

学院将进一步完善学校校本全域数据中心，形成汇集教育教学、内部管理、师生服务的校园大数据库，彻底打破信息孤岛，实现全院各职能域数据的统一存储、清洗整合、共享交换、治理优化和分析呈现。全面推行校园业务数字化，不断持续积累校园数据资产，为校园数据应用、领导宏观决策提供唯一准确的数据源泉。学院正在制定《学院信息数据管理办法》，明确数据责任主体、数据使用安全、数据开放共享准则，推进学校信息数据的规范管理和科学使用，提高校本数据中心数据质量，发挥信息数据资产在学校发展中的作用。同时，学院将进一步推进学院内部质量诊断与改进信息平台建设和优化，实现学院各项信息采集统计和动态更新。利用具有学院特色的内部质量诊断与改进信息平台，科学动态监控与自动推送专业建设、课程建设、队伍建设、学生发展各环节、各阶段实时数据和状态，促进各级管理者从注重结果管理向注重过程管理转变，实现管理方式向信息化变革。

（三）平台运行状态与应用

依托"双高"建设项目，学院将进一步推进内部治理能力提升，下一步将依托校本数据中心资源建设学院校情分析平台，提供以综合分析和预警监测为主的决策支撑服务。综合分析主要对学校的总体情况，包括资产、教工、学生、教学、科研、就业等方面的纵横分析，为学校管理层的决策支持提供支撑，提升治理现代化水平。同时，将进一步优化内部质量保证体系信息化平台，结合围绕专业群建设优化后的诊断指标，采用单独添加表单的方式，增加人工填报界面，增加数据累积，强化数据分析，以全面发现问题、诊断问题，进一步加强平台的使用力度，提升大数据分析对学校工作的决策支撑。

第三节 后续计划

2019年4月,教育部、财政部印发了《关于实施中国特色高水平高职学校和专业建设计划的意见》(以下简称"双高计划"),其改革任务包括打造技术技能人才培养高地、打造高水平专业群、打造高水平双师队伍、提升学校治理水平及信息化水平等。"双高计划"的实施,将加快高职院校建立与完善学校内部质量保证体系的步伐,推动学校整体诊改实施与高效运行,提升现代化治理能力,提高专业群建设质量,增强教师综合素质,提高学生培养质量,促进高职院校信息化数据平台建设上新台阶。因此,下一步,学院诊改工作将围绕"双高计划"要求开展。

一、顶层设计:促进内部治理能力现代化

加强学校治理,推动学校高质量发展,提高学校治理水平是"双高计划"重要改革任务之一,是新时期对高职院校提出的基本要求,对高职教育质量提升具有重要的现实意义。下一步,学院将以党建引领推进治理现代化,将党的组织优势转化为学校治理优势,强化党组织的核心领导地位。通过建立健全学校治理体制机制,完善民主监督机制,优化内部治理结构,全面提升学校治理能力和现代化治理水平。

二、关键抓手:加强高水平专业群建设

高水平专业群建设是"双高计划"的关键抓手,需要学校、专业、课程、教师、学生等多方协同。专业是高职教育的命脉,人才培养质量的提升与专业发展密不可分,课程作为专业教学活动的基本载体,离不开以教师为主体的教育实施者,也离不开以学生为主体的学习对象。人才培养工作要素相互依存,没有高效的学校内部治理能力,缺少优质师资和课程资源,均无法支撑专业群的高质量发展。只有把学

校怎么治理，专业怎么建设，教师怎么引导，课堂怎么施教，学生怎么学习等作为质量提升的关键因素考虑，才能保证学校教育质量的提升。因此，"双高计划"的专业群建设要实现学校、专业、课程、师资和学生五方面要素全方位融合，建立完善的专业群内部质量保证体系，健全多要素、多方协同融合的专业群可持续发展诊改机制，以保证专业群的持续高质量人才输出。为此，在进行诊断要素设置时，各层面均须考虑到以专业群建设为核心的要素，例如专业群内资源的共享程度、课程体系构建中对专业群建设要求的支撑、结构化教师团队在专业群中的优化表现等。

三、中流砥柱：打造高素质"双师"队伍

高水平的师资队伍是高职院校高水平专业群建设的关键。教师是学校教学活动的践行者，也是教学改革的执行者，是学校教育教学质量提升的前提和基础。强化教师队伍建设是新时代高职院校质量提升的关键环节。高职院校高水平专业群建设需要配备数量充足、专兼结合、结构合理的师资队伍。加强"双师"队伍建设，科学打造师资层面的目标链与标准链，合理设立教师队伍建设目标，全面制定专业（群）带头人、骨干教师、行业技能大师、兼职教师等各类教师的培育与引进标准。建立由企业高层管理人员、专业技术骨干、能工巧匠组成的兼职教师队伍。形成由院士、学校优秀教师、技能大师和技术能手等组成的专兼双跨界融合的"双师"教师队伍。全面实施教师发展质量诊断与改进，不断提高师资队伍教科研能力，建立校企双向交流、双向任职的教学团队合作机制，实现校企师资共育、共享。不断优化"双师"梯队，着力打造与"双高计划"匹配的高水平教师队伍。

四、基础建设：提升校园信息化水平

作为"双高"计划中的一项重要内容，提升信息化建设水平是下一步各个院校开展诊改工作的一大重点。一方面，经过一轮诊改复核，

各个院校不同程度暴露出信息化建设滞后的问题；另一方面，大数据发展时代、智慧校园建设也要求各高职院校必须努力消除信息孤岛，将智能化技术贯穿于学校人才培养与管理服务当中，提升学校管理效能和水平，带动新兴专业，优化教育资源，推动课堂教学模式改革。下一步，学院将以基础网络、云计算和物联网为核心，以现代信息技术为支撑，并依托大数据，完善综合服务门户、一站式办事大厅、综合校情分析、移动校园平台，加快构建学校人才培养状态数据采集、分析、应用与反馈机制，充分利用数据挖掘技术，实现学校内部质量实时监控、分析和预警，及时诊断与改进。

总之，"双高计划"对高职诊改既是挑战也是机遇，高职院校要以"双高计划"为契机，建立与完善学校内部质量保证体系，构建学校常态化自主诊改机制，着力推进学校高质量可持续发展，写好新时代人才培养的"奋进之笔"。